中企转型深改实践工具

首席战略官解码

万物互联万物可视的品牌+

李功 著

海天出版社（中国·深圳）

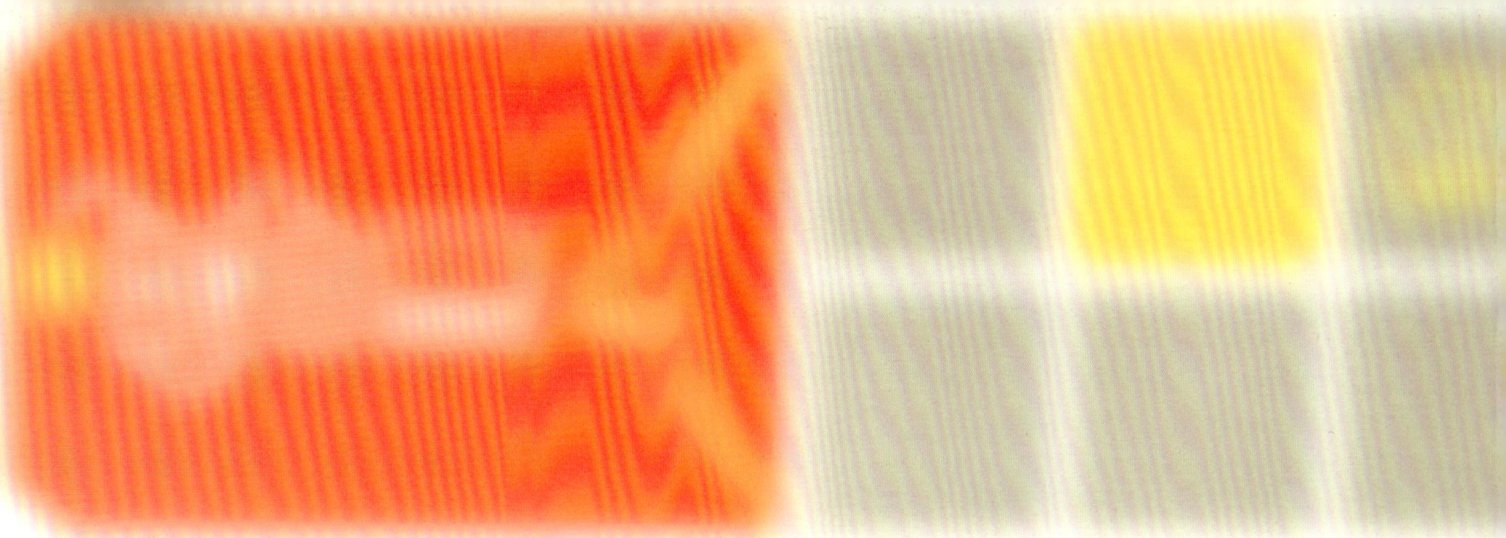

两江草莽 南北合味
二十余年来深入百家企业
涉消费品/渠道零售/电子机械/医药/旅游/汽车等多领域
敬业乐业不敢苟且
砺就些许独立学人观和企业研究工具

本册案例主要来自
李功先生
主持巨立电梯股份有限公司
企业战略规划有关出品及理念延展
预算襟肘 谨规俭用 力创标杆
助其构建迈向未来顶层设计并登陆资本市场
该企业行业受制于外资垄断与某些政府干预
行业市场化并不充分 理念相对迟滞
中小企业资源匮乏 战略落地任重道远

互联网驱动企业与市场边界高速进化
中国市场因特殊社会环境不断演绎新垄断
管理人 品牌人 市场人或产品人
如自身不融破边界恐无门解决企业问题
本册原理实战解码 看图说话 深入浅出

感谢深圳海天出版社对创新的支持帮助
非名企名人本书仍得以出版
在此与千万企业人共勉
以推动中国企业在万物互联时代新的增值
丙申 夏

CSO CODE 13925224001

融通边界的企业战略里程

本册案例产品接驳城市交通 是城市轨道交通组成部分

中国江南元素

地缘文化与经济

滬　寧

昆

杭　蘇

让我们重新出发

新品牌新口号新概念新领导新厂房新兆头
市场总是引诱企业喜新厌旧
转型跨界也不鲜见

求新求变本是好事
应帮助企业理初心 做好整合传承
重塑边界和起点

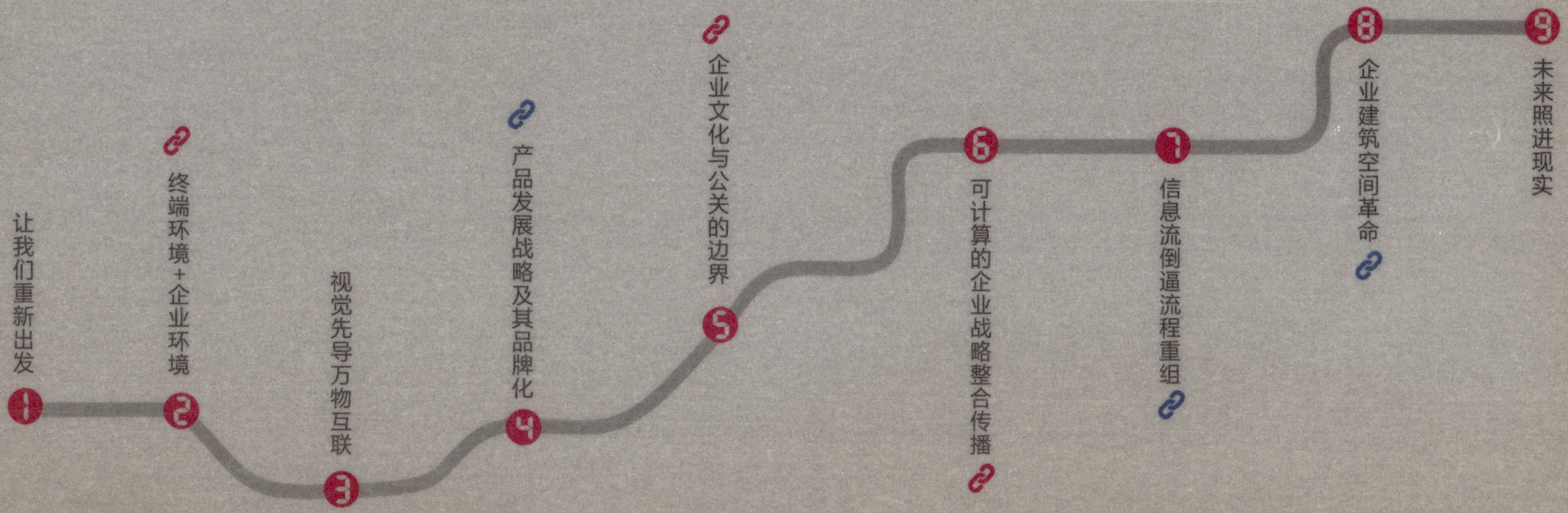

让我们重新出发

新品牌新口号新概念新领导新厂房新兆头
市场总是引诱企业喜新厌旧
转型跨界也不鲜见

求新求变本是好事
应帮助企业理初心 做好整合传承
重塑边界和起点

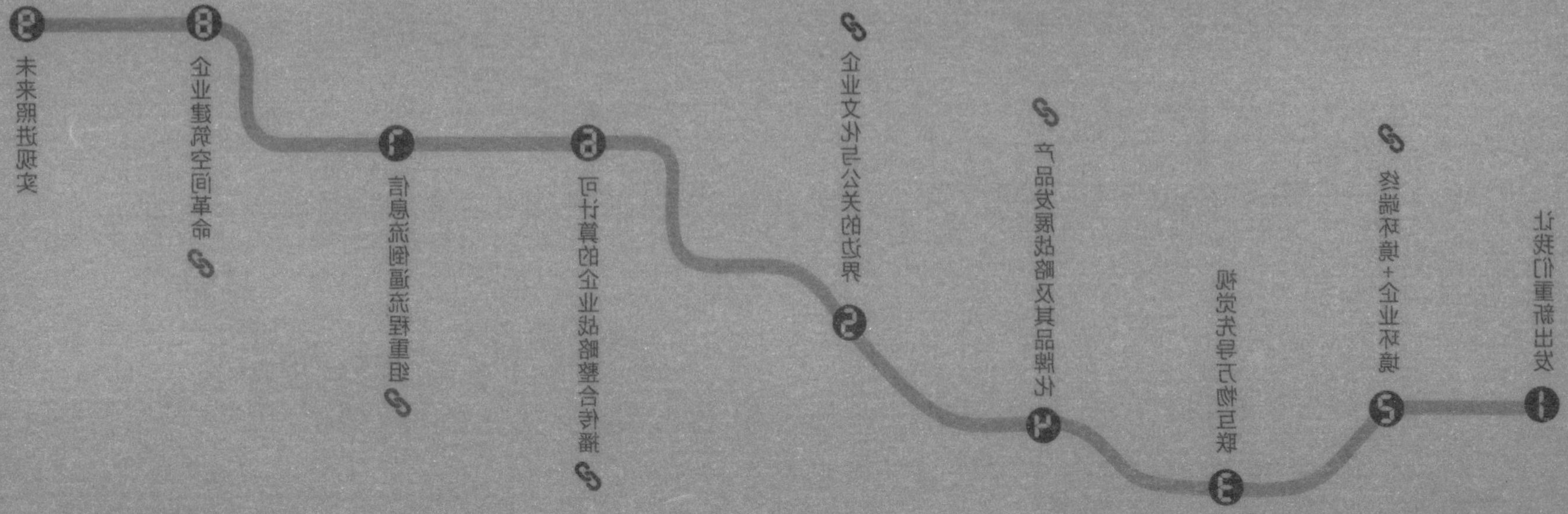

巨立文字渊源

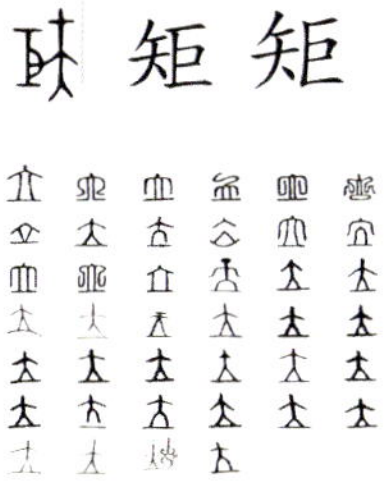

智能化领域

巨立joylive中英文全球一体化命名设计应用

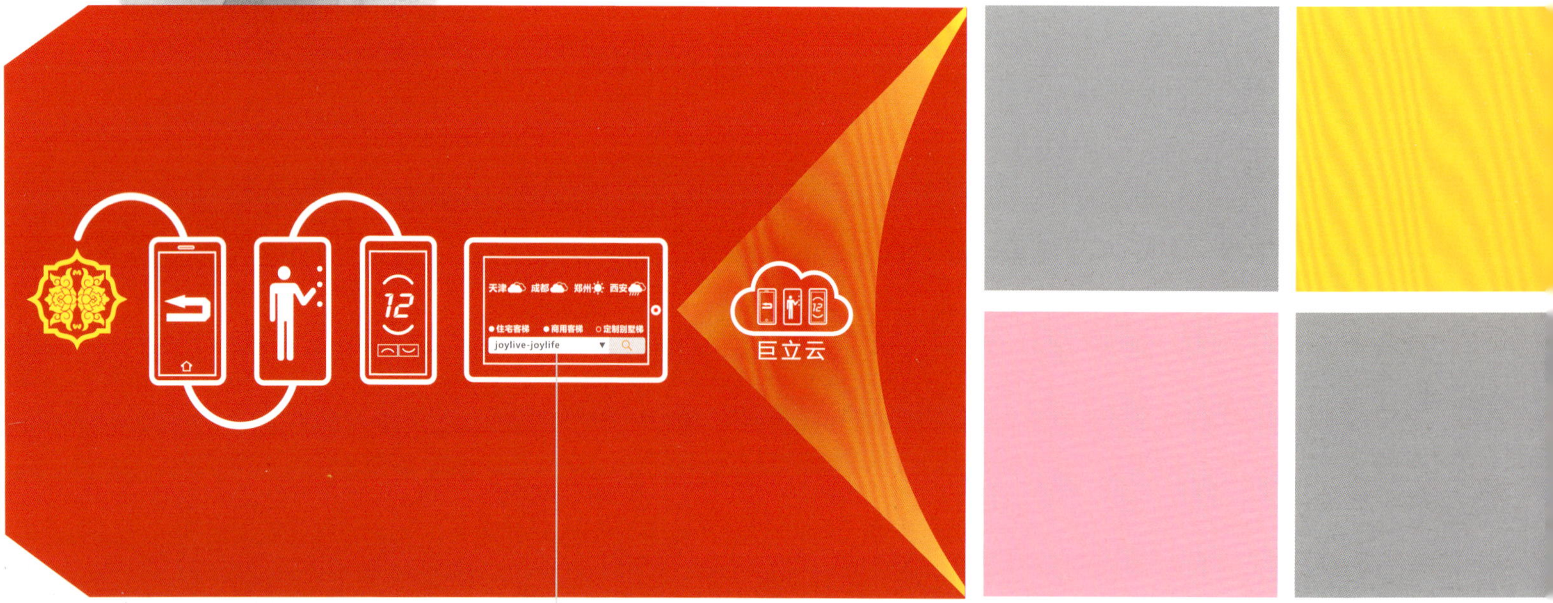

辅助视觉: 高端精密制造

最初的产品发展规划着眼传统行业内竞争 链接阅读6.

辅助视觉: 城市之窗

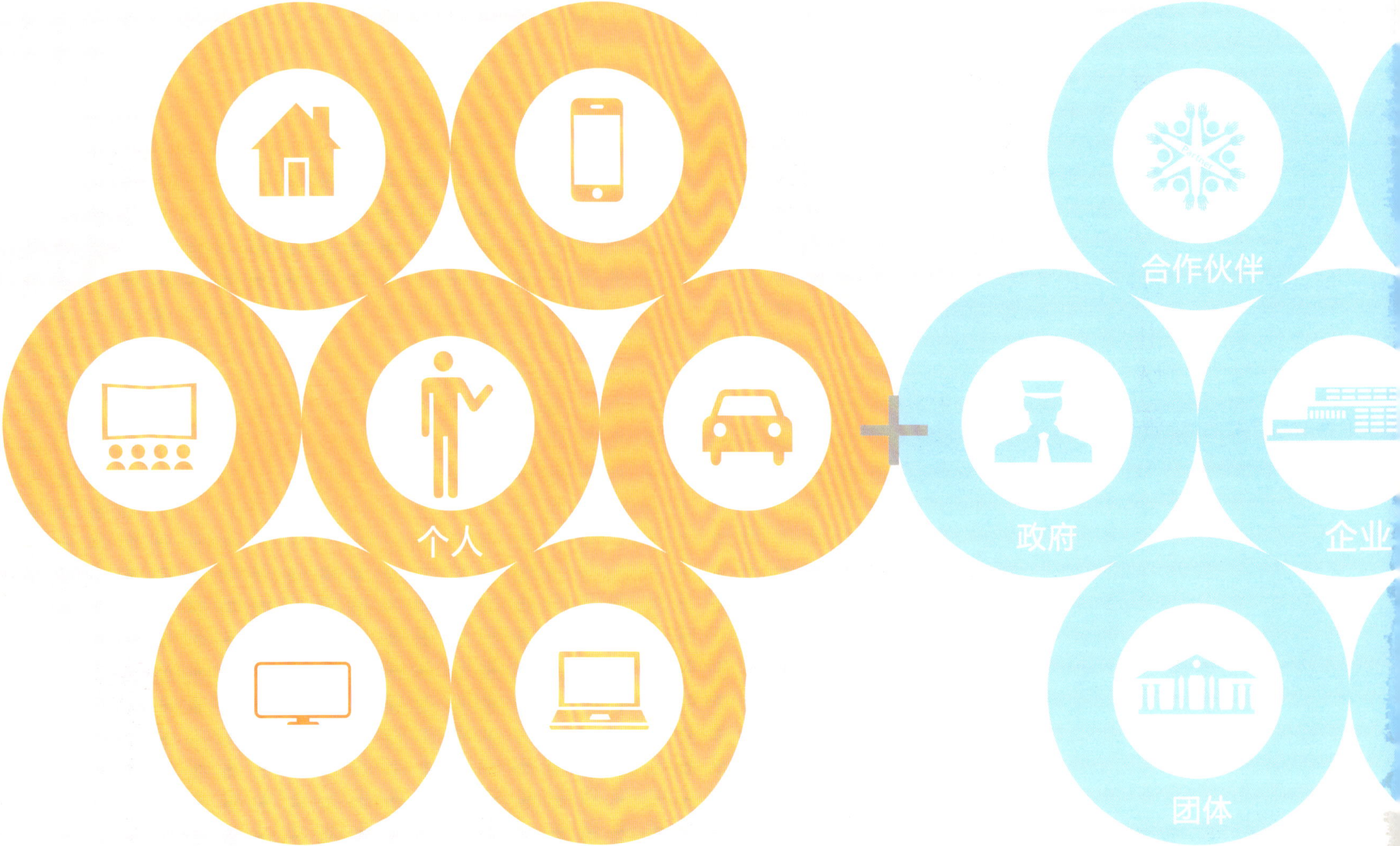
个人
合作伙伴
政府
企业
团体

终端环境+企业环境

20世纪90年代
彼终端乃企业角力的实体渠道
今天移动互联网推进万物终端化
此终端更是企业命脉
建筑和交通工具也成为重要的信息节点
而人是万物互联的中心

企业环境呈现“去官方化”和“去中心化”
企业与个人面临同质环境：终端个人化
难以分析统计的块面转化为可计算可传播可运营的点

链接阅读 5

终端环境+企业环境

20世纪90年代
彼终端乃企业角力的实体渠道
今天移动互联网推进万物终端化
此终端更是企业命脉
建筑和交通工具也成为重要的信息节点
而人是万物互联的中心

企业环境呈现“去官方化”和“去中心化”
企业与个人面临同质环境：终端个人化
难以分析统计的块面转化为可计算可传播可运营的点

链接阅读5

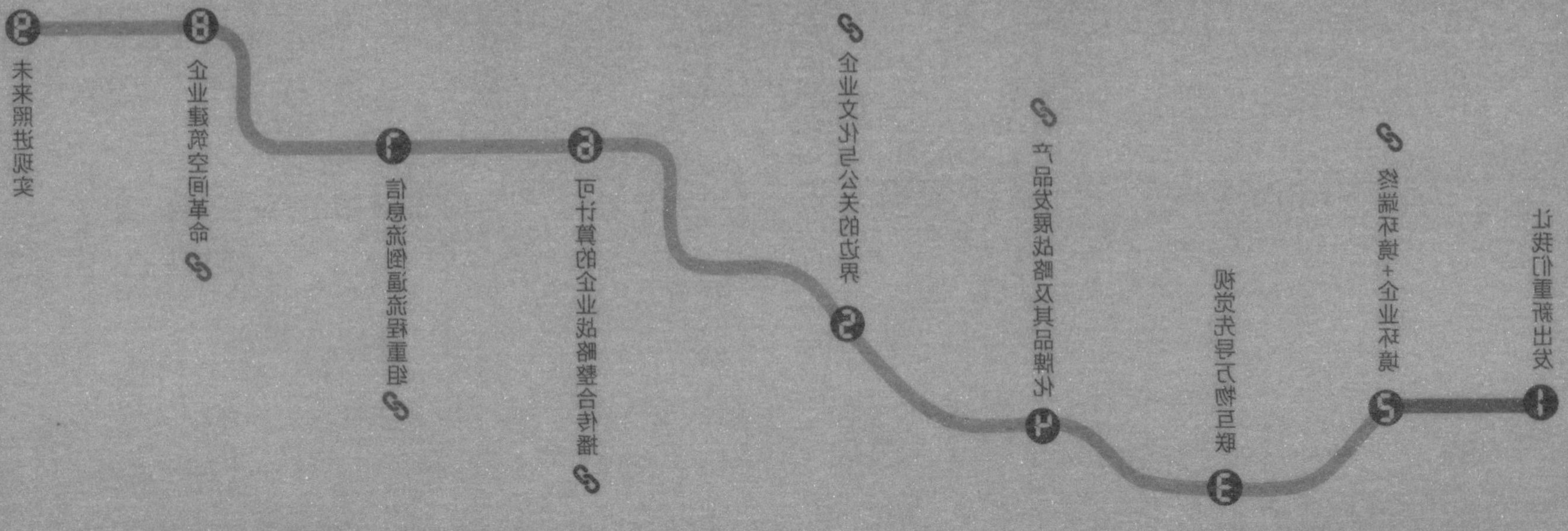

2.1 互联网加速企业与个人环境趋同
web2.0与3.0赋予个人信用及更多自由化优势
企业官网/微博/微信公众号/电子商城/OA等在线形式
以企业中心化分裂运作
亟待重塑边界

辅助型 高端精密制造

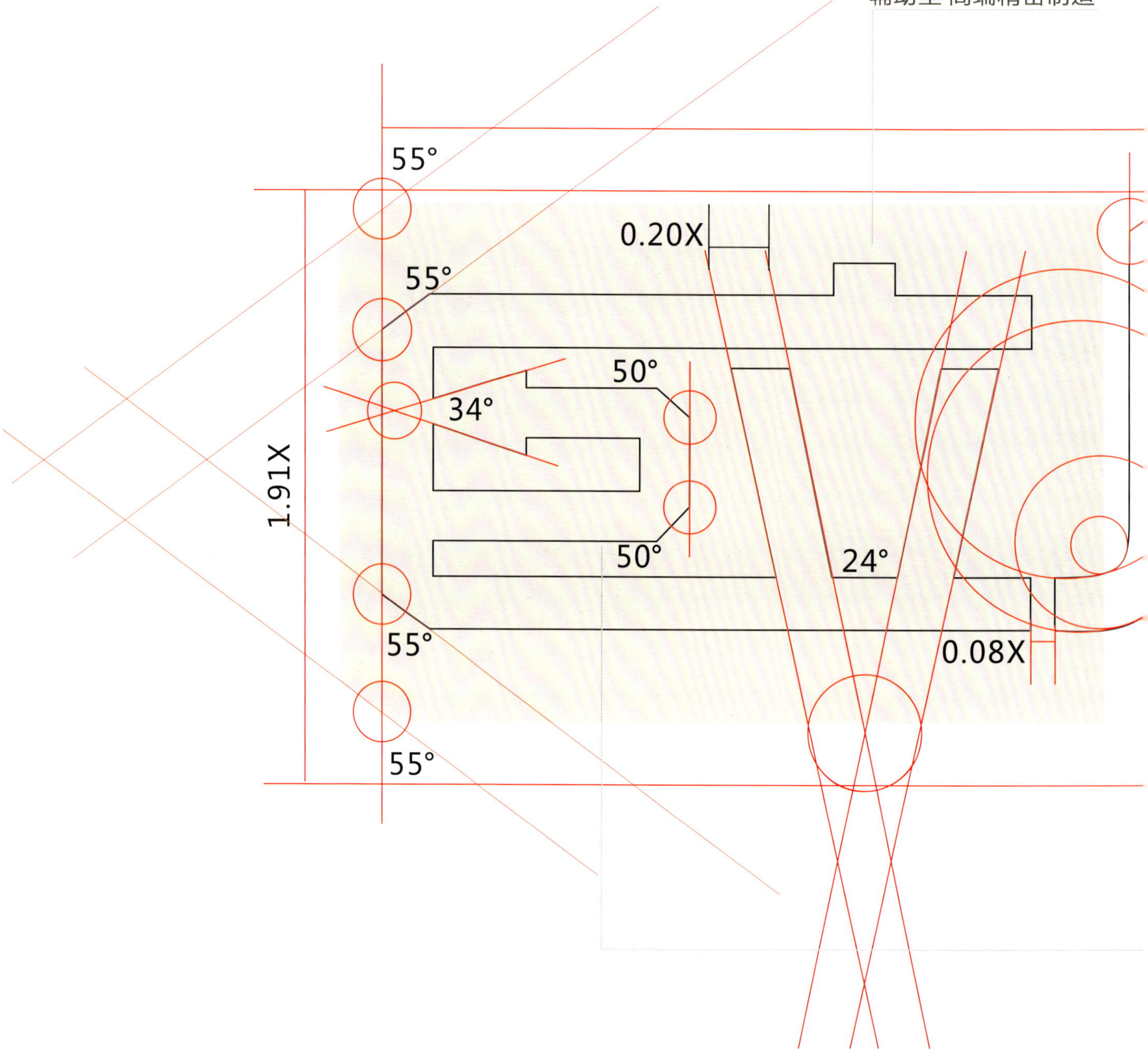

视觉先导万物互联

视觉是传播第一要素
尤其是传播与经营行为边界融合
新媒体传统媒体交融时代

互联网以个人为中心让万物互通互联
万物图形化符号化以求识别/记忆/联想/体验

本不在一起的事物一体化乃整合
乃拓展新的企业疆土
实施品牌+
企业行为全面可视化可传播化
企业行为在传播中获得最大增值

视觉先导万物互联

视觉是传播第一要素
尤其是传播与经营行为边界融合
新媒体传统媒体交融时代

互联网以个人为中心让万物互通互联
万物图形化符号化以来识别/记忆/联想/体验

本不在一起的事物一体化乃整合
乃拓展新的企业疆土
实施品牌+
企业行为全面可视化可传播化
企业行为在传播中获得最大增值

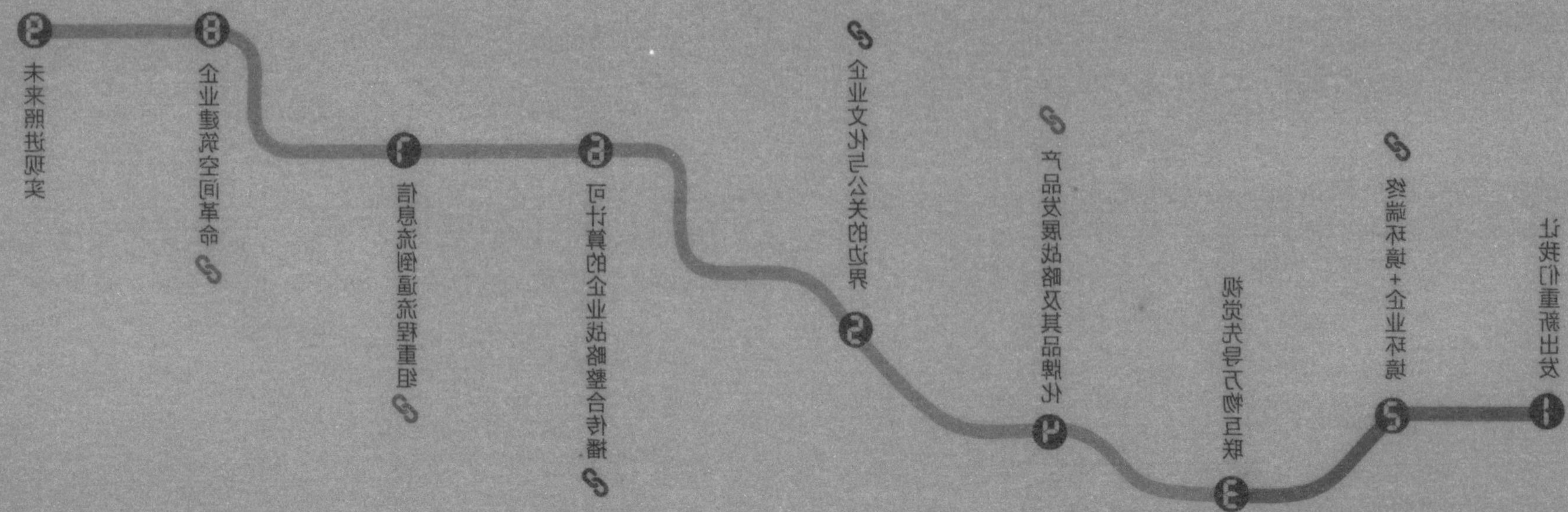

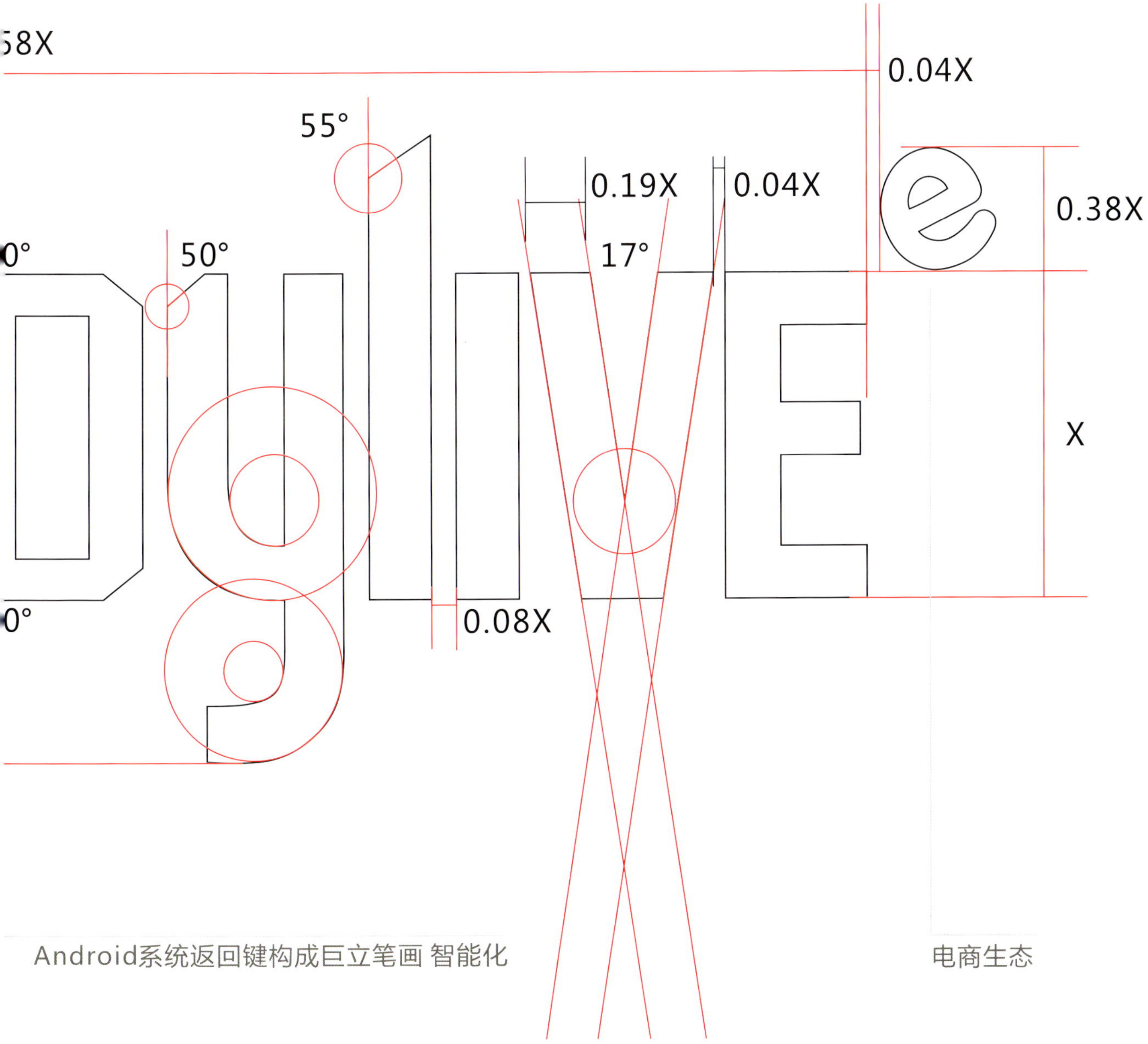

Android系统返回键构成巨立笔画 智能化

电商生态

Joylive
e

Joylive
e

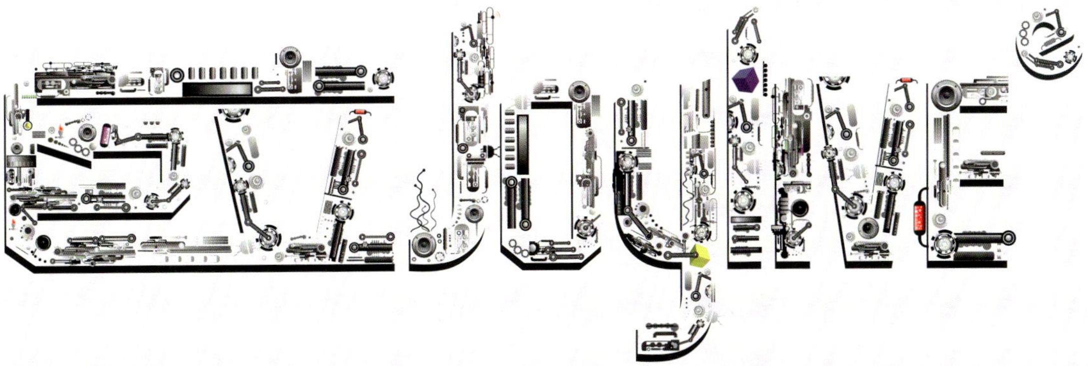
Joylive

Joylive

被迫放弃iWatch 新的混用模式

iPhone

watch

iOS

Joylogi

iPad

Joylife

Joywalk

iTunes

iPod

Joyvilla

Joycity

巨立joylive家族化 易读易拼英语造词组 优于英语字母缩写模式 无须汉化

图形符号+英文
典型欧洲模式20年不变
忽视最大中国市场本土化

20世纪90年代图形符号+中英文
互联网巨头缺失互联网基因
无碍其在中国垄断
企业名称符号空置化
意识形态阻碍全球化

KONE

阿里巴巴 Alibaba.com

Microsoft

Tencent腾讯

最近更新图形+英文
企业名称符号空置化
或早应更名Windows
未整合中文

20世纪90年代中英文标准字
互联网巨头缺失互联网基因
无阻其垄断中国市场
企业名称符号空置化
意识形态阻碍全球化

3.3 文字VS文字符号(图形化趋势)VS图形符号

万物互联之下，滑动方寸之间
文字与图形演化融合
联想/传递企业意图/无国界无障碍识别/效率/乐趣

中英文符号化
中英文一体化命名规划设计
中英不拆分识别和应用

Joylive

上海三菱电梯
SHANGHAI MITSUBISHI ELEVATOR

世纪90年代图形符号+中英文
政府意志垄断市场产物

图形符号
极简边界设定
单一使用图形符号
全球无障碍传播

HUAWEI

图形符号+汉语拼音
图形符号显疲态
全球化中国式创新
开启免中文模式

互联网基因汉语拼音符号化
挑战垄断者
完败于中文模式
以及事业群品牌整合方式

乐视

CCTV

英文符号化趋势
国家意志全球化特殊产物
英文缩写独占性骤减
混淆歧义剧增

英文符号化
造词拼读障碍
优于字母缩写

Google

Lenovo

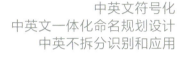

欧美主流方式造词
拼读障碍
中文困扰的典型案例

3.4 互联网纷繁的符号时代
主品牌以外有趣的符号团
可加强识别性 品牌联想和传播

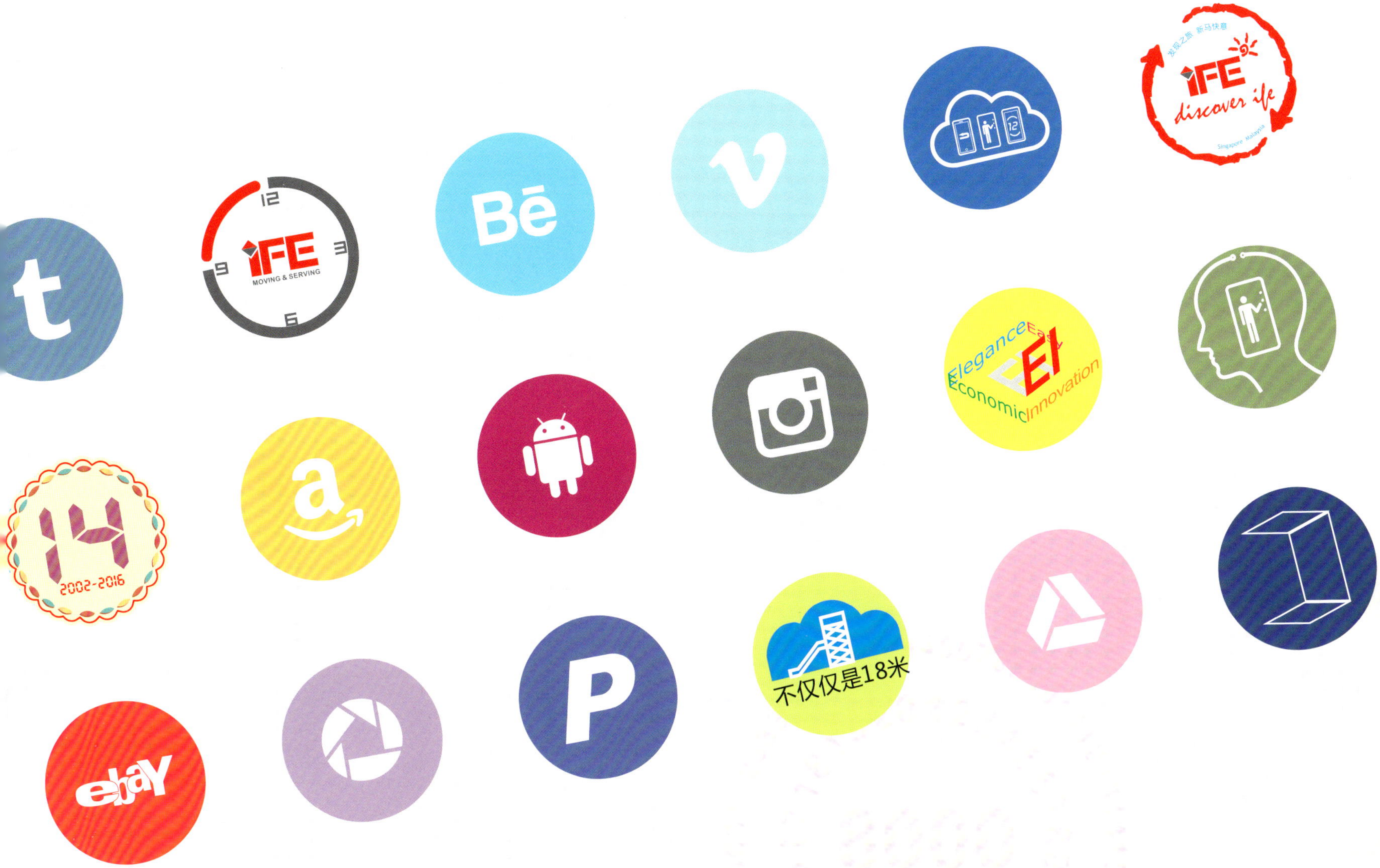

9:41 AM
100%
10
Joycloud
12

3.5 视觉先导万物互联原理 构建企业战略生态愿景

链接阅读 6.1 9.2

Joylife
住宅垂直客流方案

满足住宅配套
覆盖刚需和第二第三居所
提供建筑辅助设计
户型与客流规划
促进建筑增值

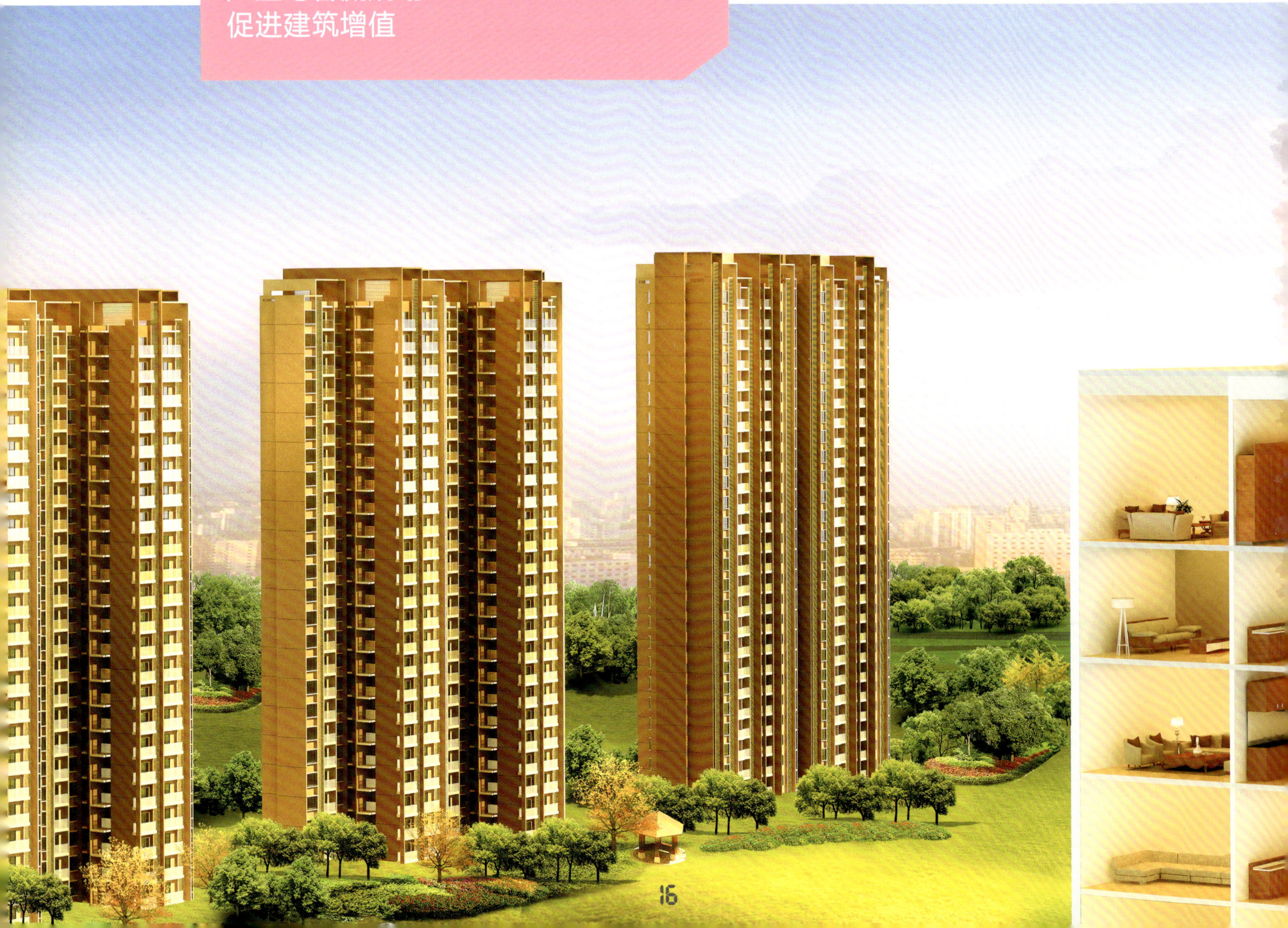

产品发展战略及其品牌化

精准研判企业竞争态势
搭建持续孵化力的产品机制
链接阅读⁊
建立并保持产品竞争的适当先进性

由单一解决到系统解决
由狭义的售前售中售后服务到服务产品化
由基础层到差异层 再到全产业链
由实体形态到移动互联增值
由产品研发制造到应用/展示/推广/体验/销售促进全生态
建设发展多层次产品生态圈

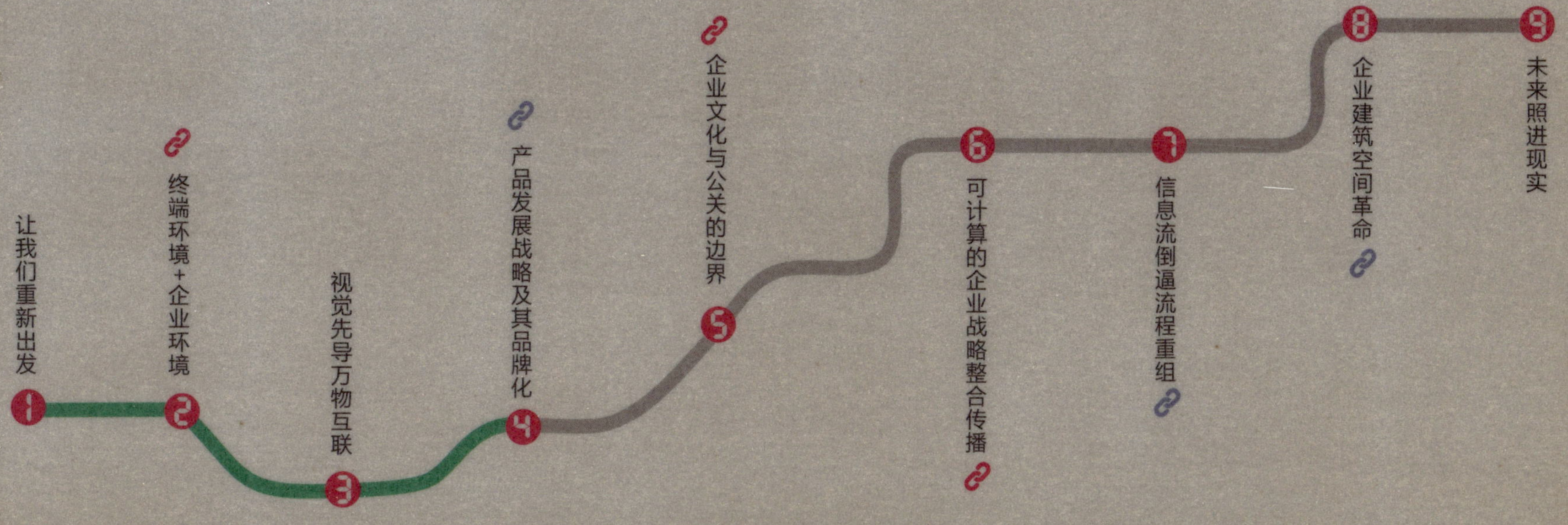

产品发展战略及其品牌化

精准研判企业竞争态势
搭建持续孵化力的产品机制
链接阅读：
建立并保持产品竞争的适当先进性

由单一解决到系统解决
由狭义的售前售中售后服务到服务产品化
由基础层到差异层 再到全产业链
由实体形态到移动互联增值
由产品研发制造到应用/展示/推广/体验/销售促进全生态
建设发展多层次产品生态圈

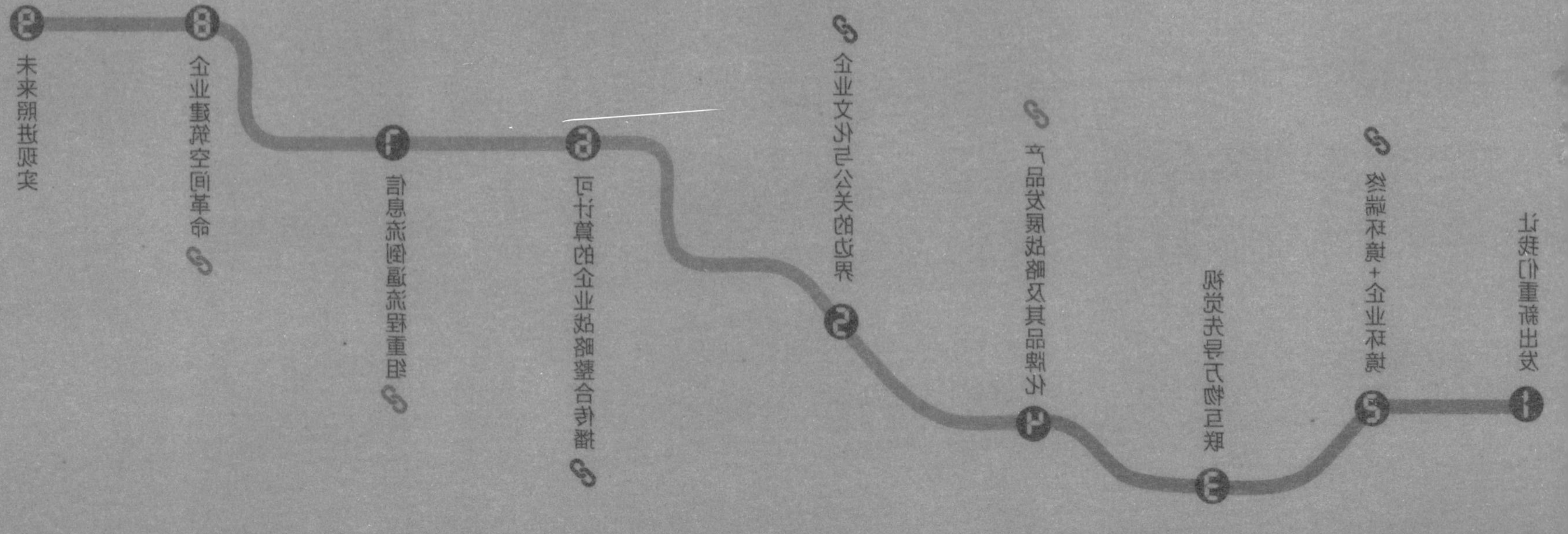

4.1 基础产品及服务发展

规划产品远不止完成技术和制造
产品是有生命的
必须完成产品生态圈搭建
体现产品与环境与人的关系

重新定义传统产品内涵
重塑城市运营产业边界
简单服务转化为服务增值

Joycity
商用垂直客流接驳

连接以大型建筑为目的地或集散地的客流
提供客流接驳服务
包括垂直交通解决及客流接驳协同运行控制
适用于高档住宅/购物中心/CBD/酒店
交通枢纽及其他公共建筑

Joyvilla
别墅电梯尊享私人定制

提供从别墅辅助设计
勘察与土建规划
交通配置和特别功能规划
乘客空间设计
财务预算全面解决方案

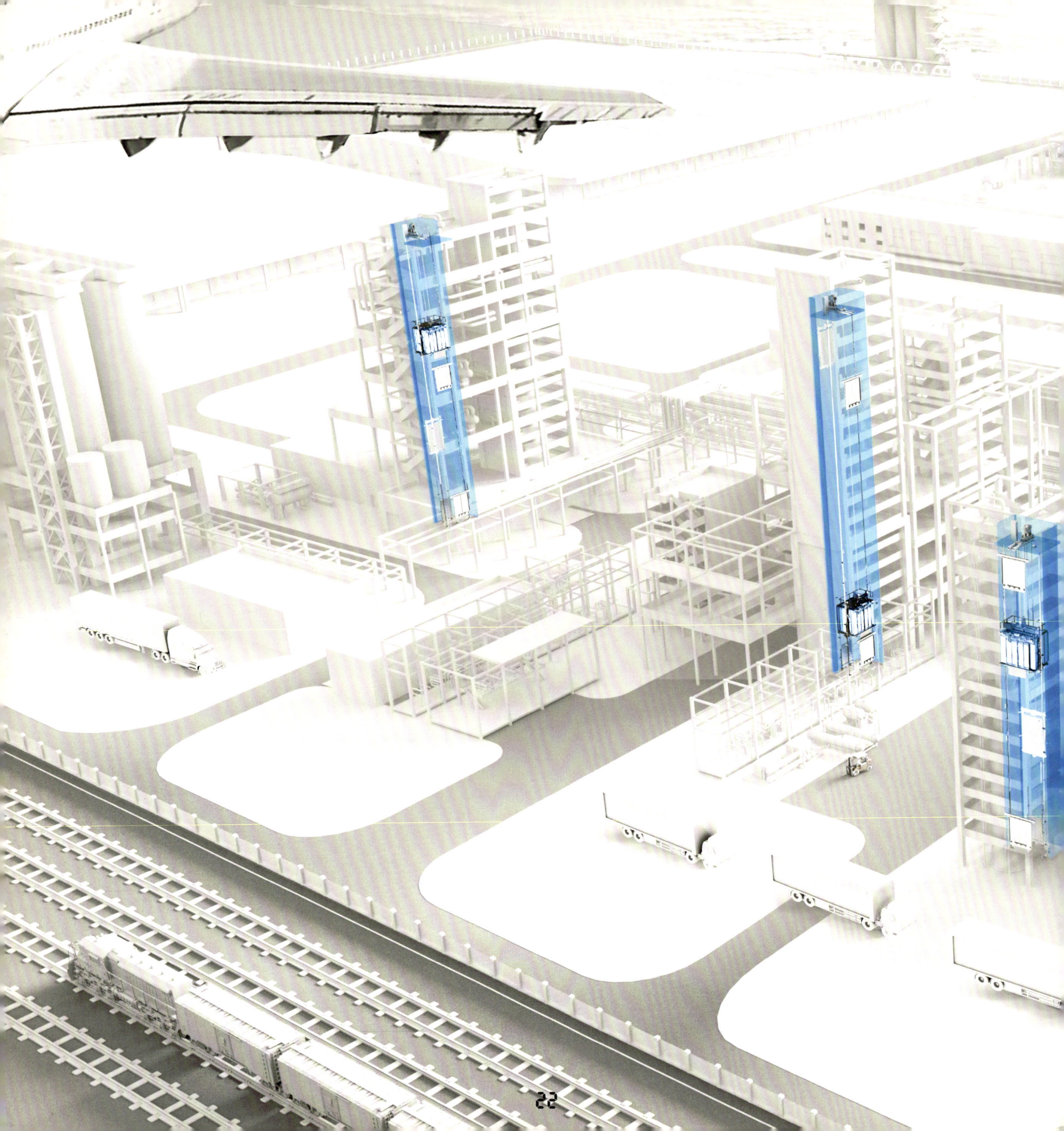

Joylogi

解决物流最后一百米

为产业园区提供门对门物流方案
包括整体物流辅助规划
储存装卸搬运分发等一揽子服务

Joycloud
建筑交通物联网服务平台
运载城市 服务城市

物联网系统

Joyspace
乘客空间定制

Joylive ⇆ Joylife

邹雯雯和邹力姐弟俩搬进苏州心泊家园二期时，
姐姐还没有弟弟高呢。
四年了，joylife陪伴着他们成长。
姐弟俩是如此熟悉和喜欢这个安静舒爽的空间，
就像喜欢他们的小房间一样。

Joylive ⮌ Joylife

Agung Sedayu
是印尼雅加达最大的高档住宅区之一。
建筑设计师Selina2013年搬入其中一套公寓。
她每次乘电梯时总难掩开心，
因为轿厢色彩和她最喜欢的礼服颜色一样，
和她心爱的厨房也很搭调。

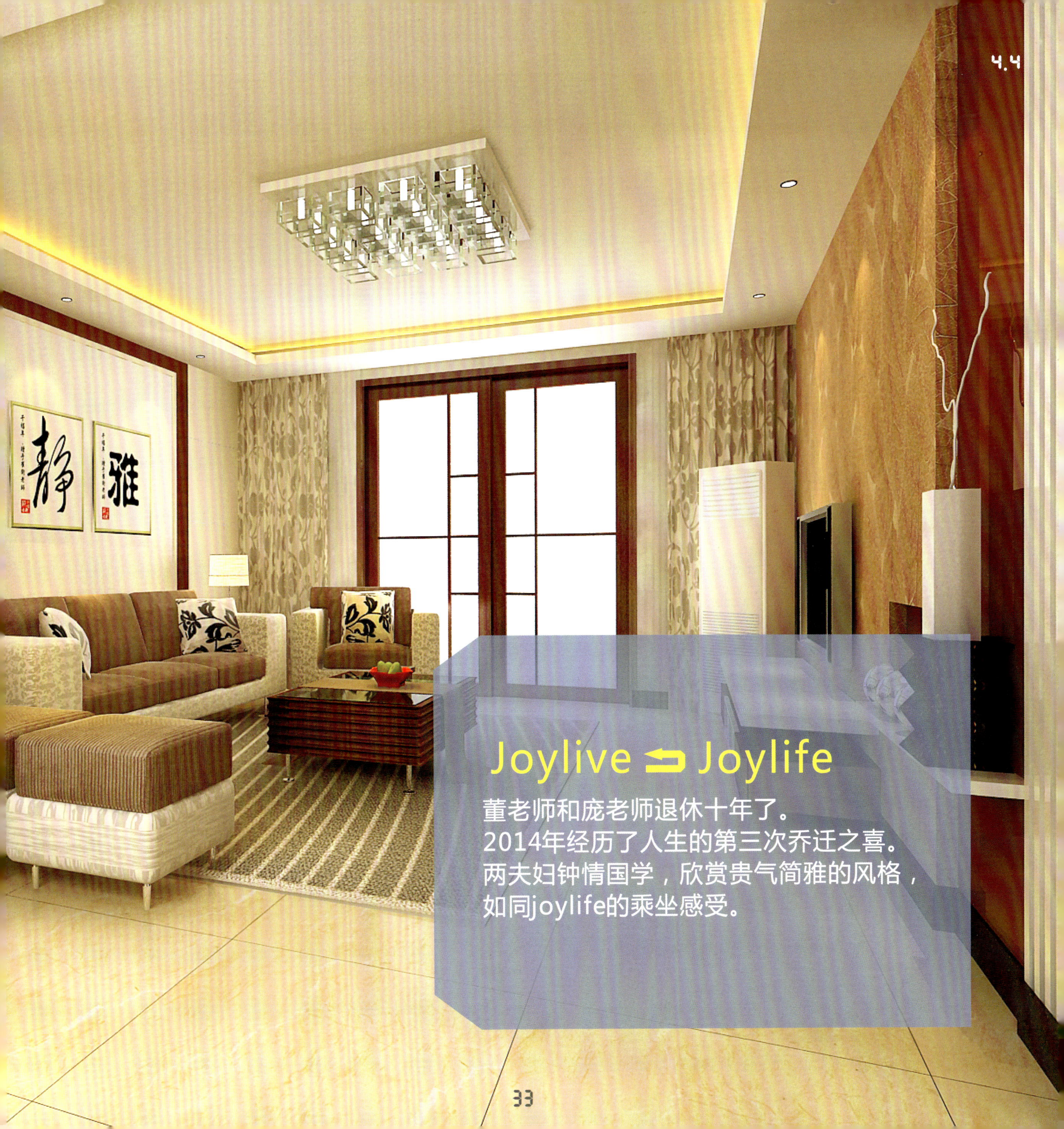

Joylive ⇄ Joylife

董老师和庞老师退休十年了。
2014年经历了人生的第三次乔迁之喜。
两夫妇钟情国学，欣赏贵气简雅的风格，
如同joylife的乘坐感受。

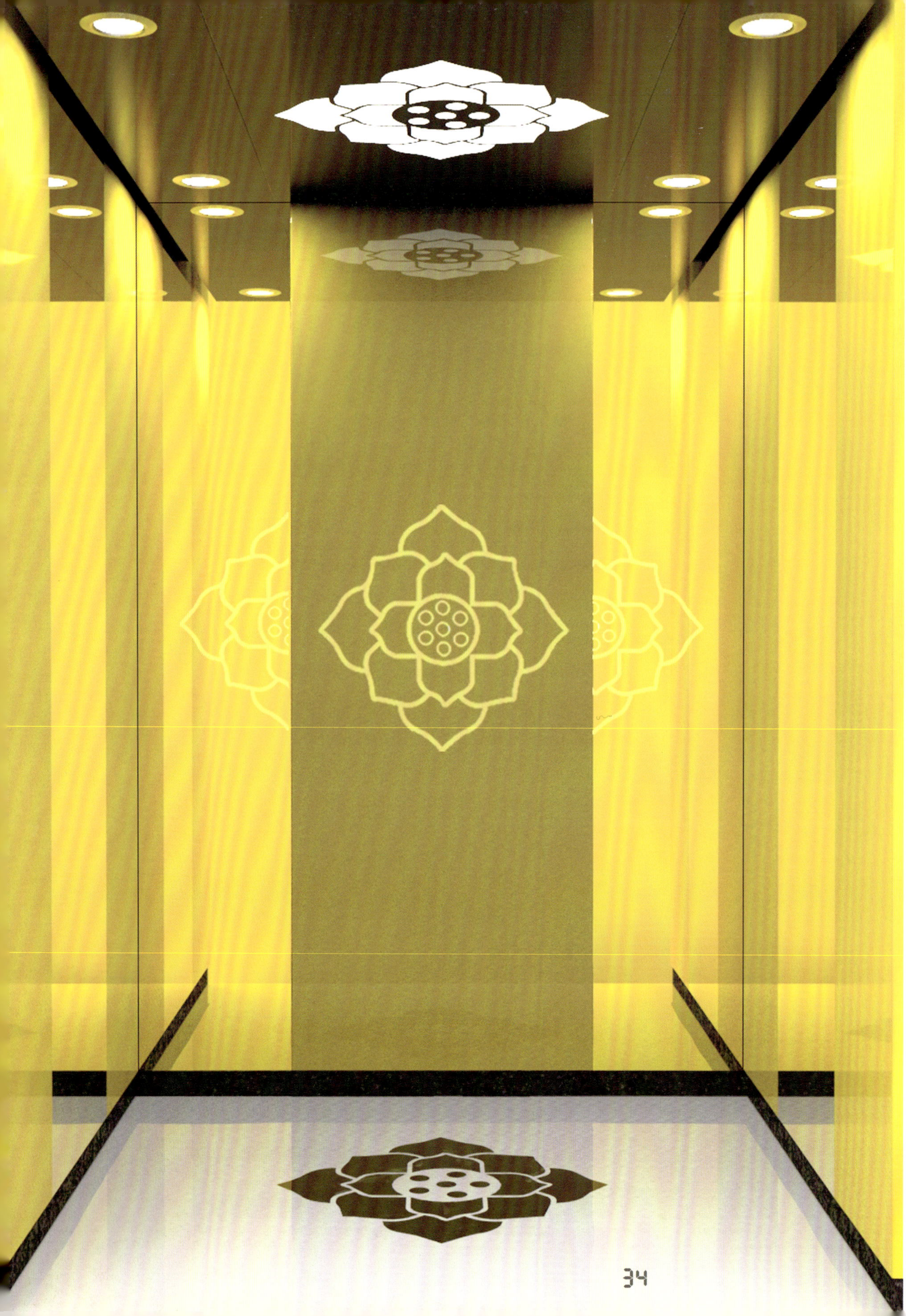

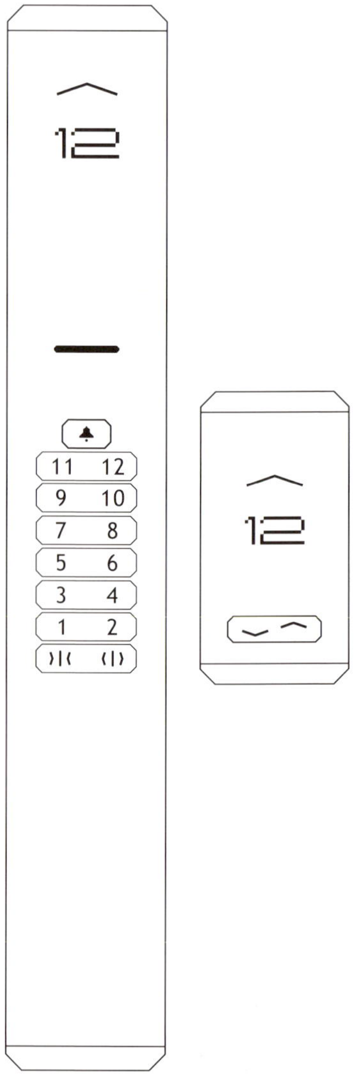
12
11 12
9 10
7 8
5 6
3 4
1 2
12

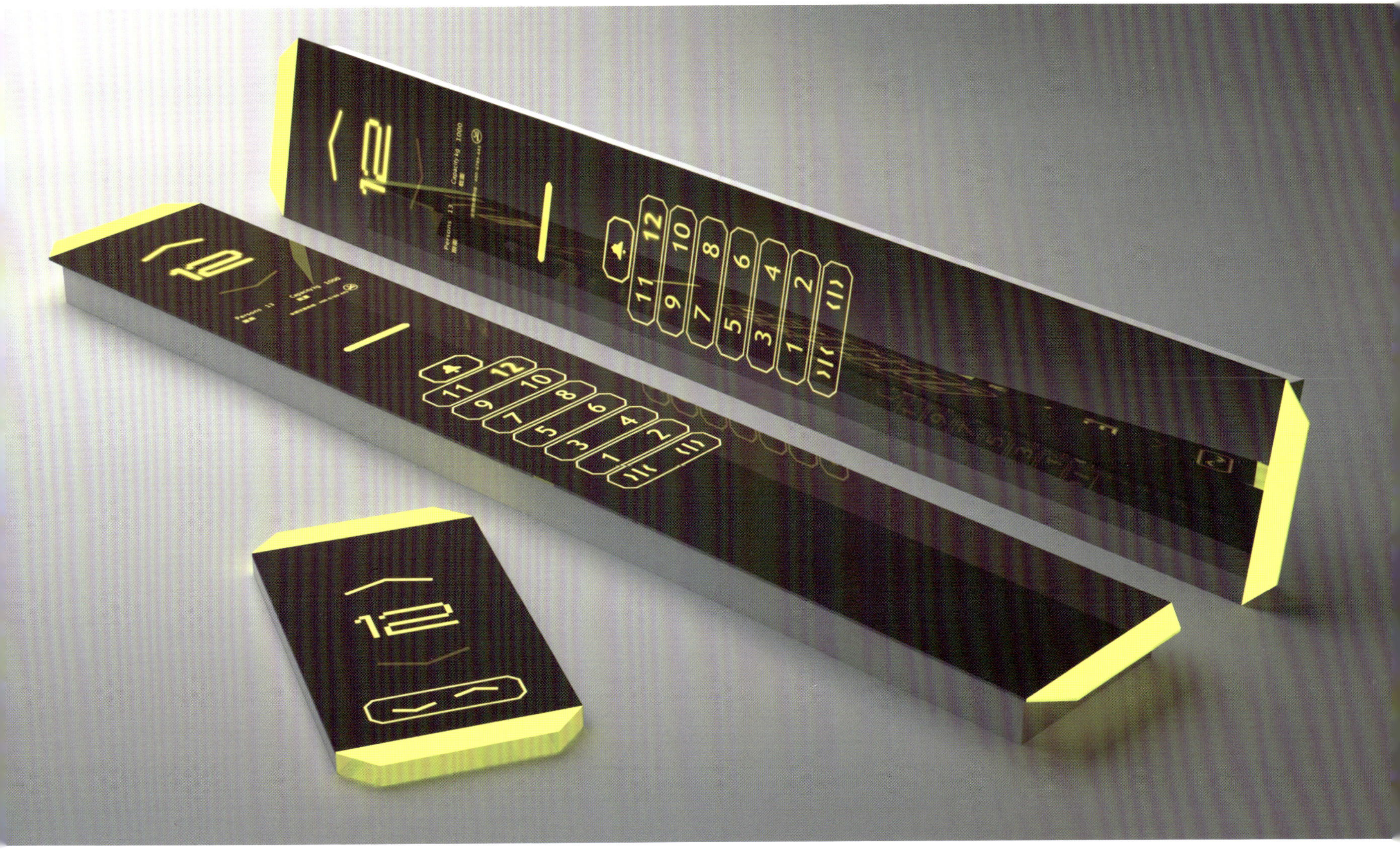

Joylive test

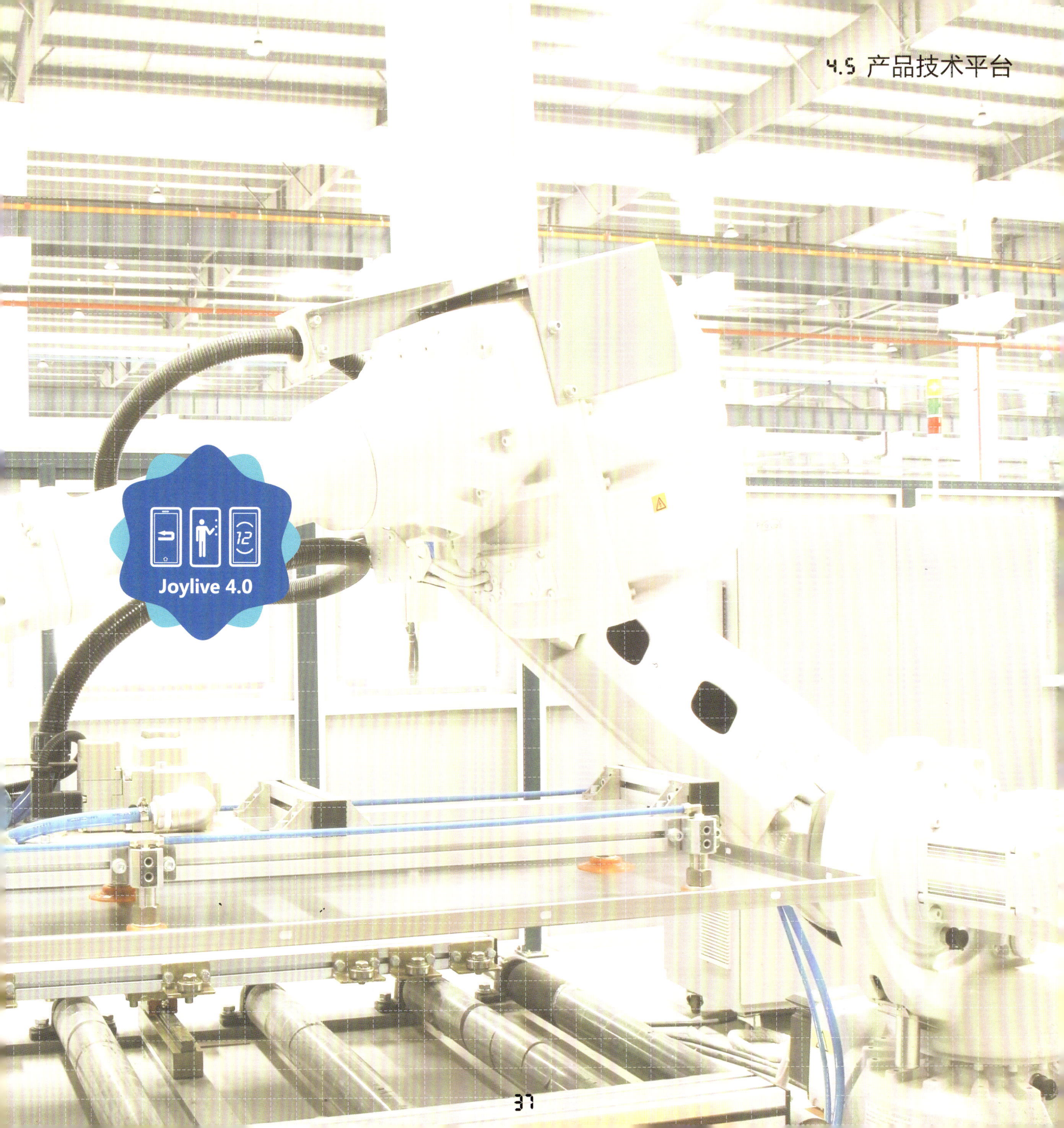
Joylive 4.0

Rottro

rolling the city

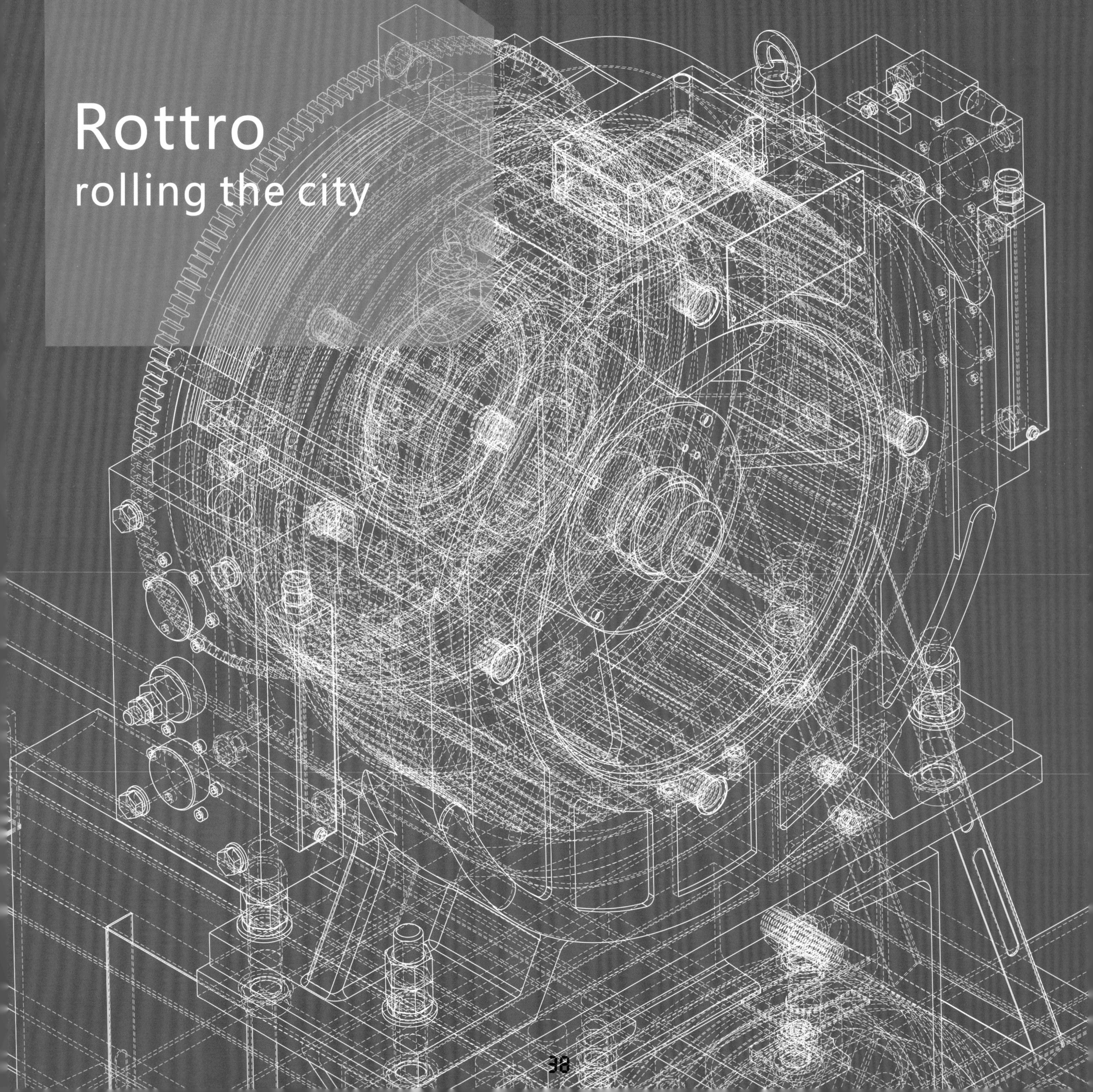

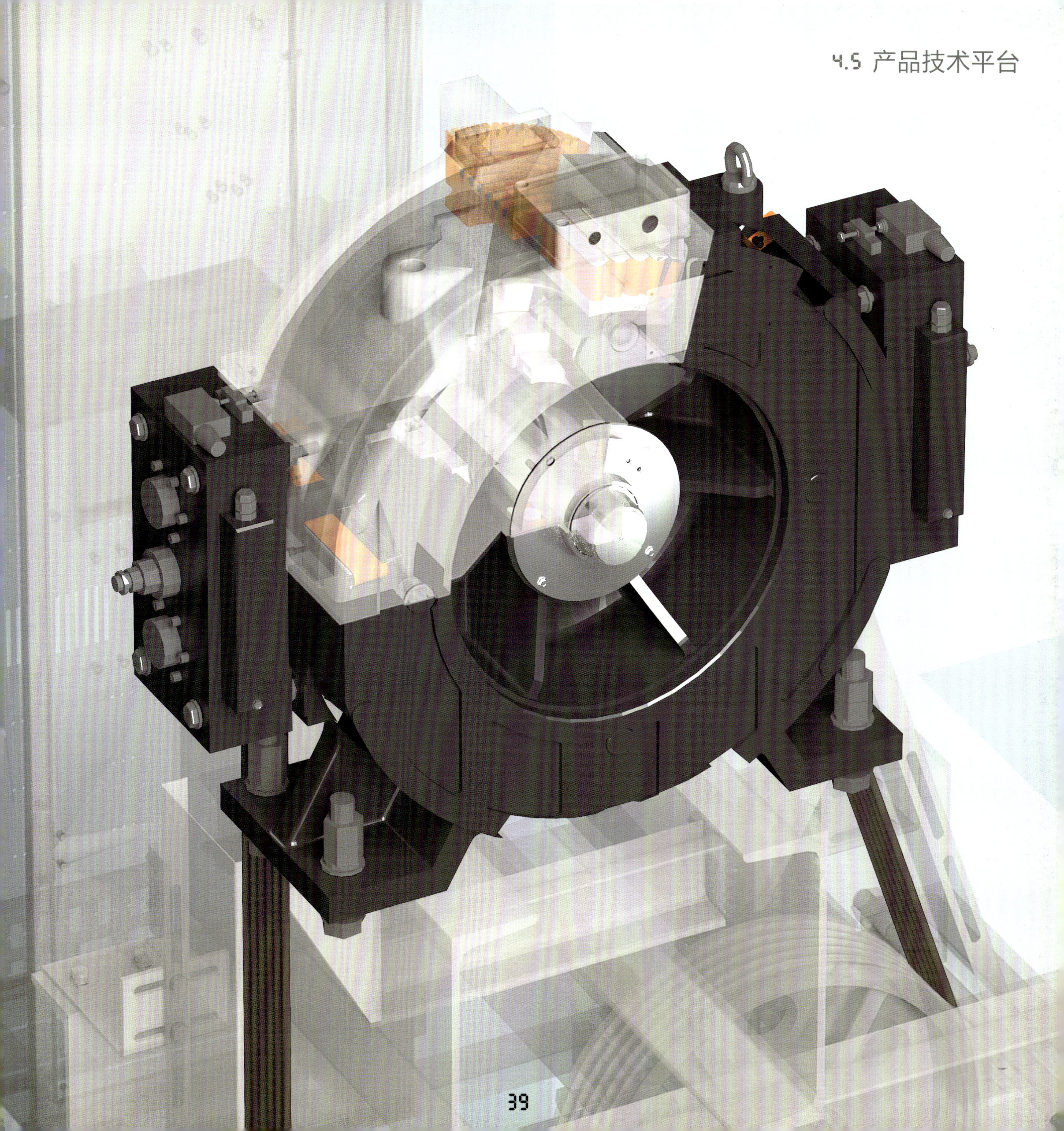

一三四八年，元末大家顾阿瑛建玉山佳处，
以文会友，集创昆曲，冠绝东南

一九三五年，政治活动家叶恭绰先生
修葺玉山佳处，并立君子亭，名满京沪

今天，唯东亭并蒂莲七百年
来岁岁盛放，传递先贤之灵

二零零二年，巨立企业以信为本，
纳沪苏杭中心之底蕴，在昆山得以创立

企业文化与公关的边界

企业行为创造精神物质总和构成企业文化
企业文化的核心是人的价值

公共关系成为专门管理科学已过百年
20世纪90年代市场营销学在中国星火燎原之时
诞生公关圈理念
企业的公共关系全部成员组成公关圈
公关行为对企业公关圈成员实施推广和运营

终端化的公关圈形成个人组成的企业生态圈
企业战略必须围绕生态圈进行升级转型

企业文化 企业公关与品牌
三者边界正加速重叠 链接阅读 6

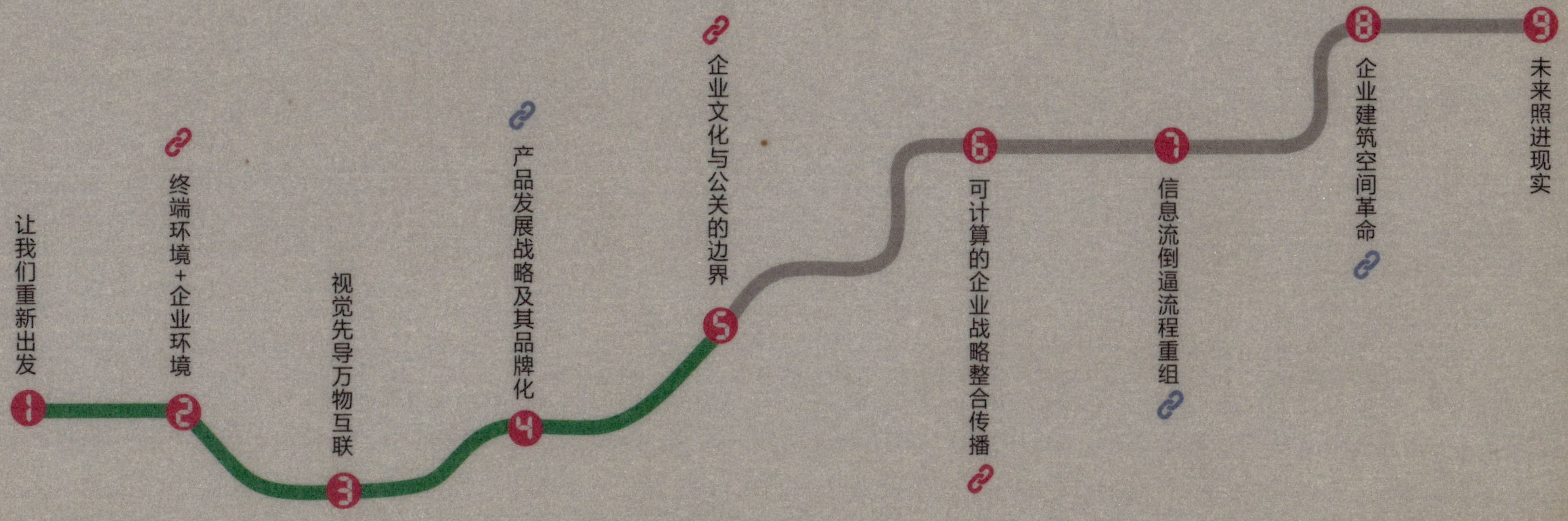

企业文化与公关的边界

企业行为创造精神物质总和构成企业文化
企业文化的核心是人的价值

公共关系成为专门管理科学已过百年
20世纪90年代市场营销学在中国星火燎原之时
诞生公关圈理念
企业的公共关系全部成员组成公关圈
公关行为对企业公关圈成员实施推广和运营

终端化的公关圈形成个人组成的企业生态圈
企业战略必须围绕生态圈进行升级转型

企业文化 企业公关与品牌
三者边界正加速重叠 链接阅读6

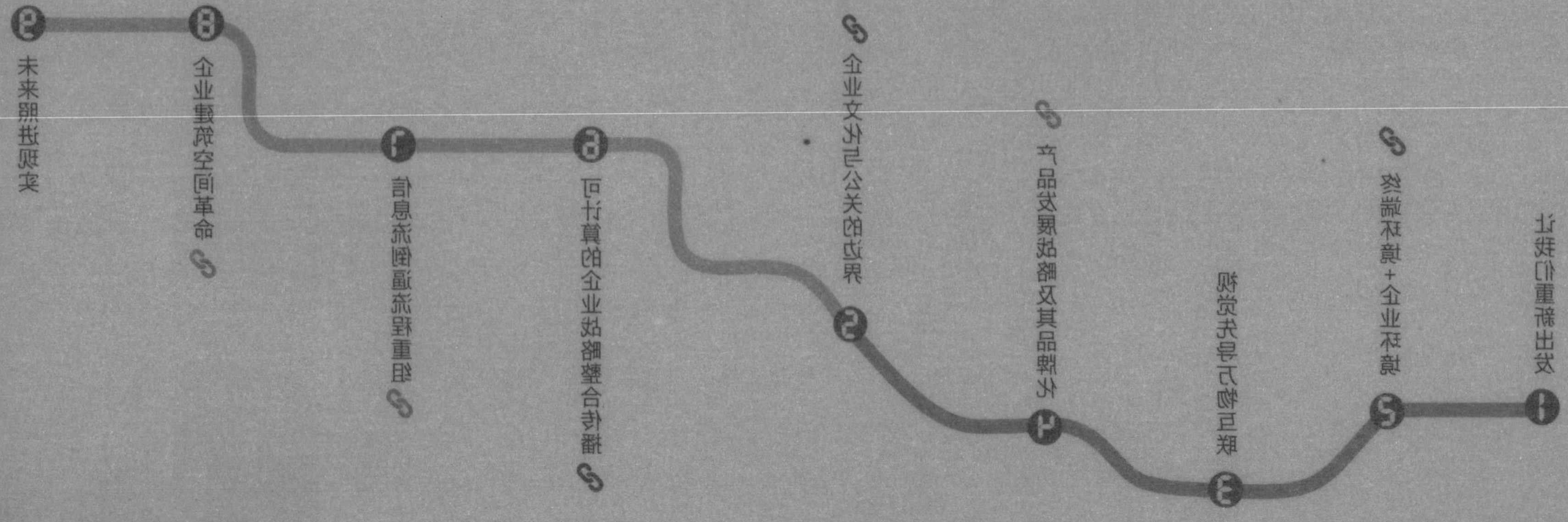

5.1 企业文化与企业公关
从初始交融
到万物互联时代边界重叠

巨规矩也
立人立于地之上
巨立—机·智·礼之君子
君子之交·并缔发展

君子之交 并缔发展

历史接驳未来
企业战略意图的重要象征之一
与产品系统的品牌矩阵形成企业战略闭环生态
多元适用于
企业内外宣贯交往 全媒体推广 资本运营 人才发展战略
链接阅读 6

企业发展

张和滨 先生

南潮北涌，东成西就

市场营销

鲍国庆 先生

工作生活客户和巨立，
有缘相聚。
我将带领团队不懈探寻
大道无为之能量。

产品服务
朱健 先生

吾日三省吾身

财务资本
窦智慧 先生

企业投资亦是正道沧桑。
投资决策，
是与否如此简单，
世界如此了然。

阿丹的选择

麒琳姐姐 春虎和锋小锅

贾平凹先生笔下的西安女人都是仙女，王麒琳就是神仙姐姐了。电梯小江湖都说她是有故事的女人。漂亮的女人故事自然有，但这女子运营西北市场管理分公司更是“嘹咋咧”。西北市场是业界公认的难度较高的市场，麒琳姐姐作为十余年资深电梯营销人，善于成本控制，坚持亲力亲为。她的一份执着带来巨立西北市场的平稳发展，也将巨立交通方案渗透到娱乐餐饮酒店等服务业新领域。麒琳姐姐的精彩仍在电梯江湖不断演绎中……

坐在你面前的春虎，总是挂着腼腆的微笑，与他管理电梯订单时的老练稳健形成鲜明对比。从略稚气的面孔，你也更难发现他这个典型的理科生居然在电梯技术部门历练了十个寒暑。离开某个全球知名的欧洲同行加盟巨立技术团队，春虎当然怀揣着一份对建筑客流方案对井道科技的一份理想。在每天不间断的衔接客户、销售与制造部门的工作中，他想，或许二十年以后在建筑交通领域，会出现以他名字命名的发明专利。让我们为他的理想喝彩吧。办公案头，相框里一岁儿子的笑脸始终守护着春虎，他们都用爱守护着一份理想。

看上去似乎木讷少言的张锋，却有着15年的电梯行业经验，并在IT领域有一定造诣，编写小程序还真难不住他。2000年，没满二十岁的他离开老家无锡，南下火热的深圳，进入一家日资电梯企业。张锋讲起这段经历还抑制不住激动。那时有一位广州别墅业主花两百万买了一台日本原装进口别墅电梯，结果日方调试员没法抵达安装现场，不通英文、日文的他硬着头皮就上了，经过两天两夜终于把这部昂贵的别墅电梯调试到正常运行。谁能想到，这次偶然的机会，张锋从此和电梯控制系统结下十五年不解情缘。丰富的电梯企业岗位经历，加之对信息技术的钻研，使张锋在电梯安装和售后管理方面有独门领悟，在巨立产品与服务生态链下游，他默默地但强力地释放着自己。

5.3 人是企业文化与公关的核心

适时启动架构流程重组 优化人力配置 链接阅读

麒麟姐姐春虎和锋小锅

不约而同融入巨立

上游的麒麟姐姐发展客户

中游的春虎，衔接销售与制造

锋小锅在下游，管理安装和售后服务

专业与服务的无形纽带把他们相连

不知不觉已七个寒暑

巨立事业如一个大家庭也是条生生不息的河流

蜿蜒在他们的生命里

巨立Joylive

羊年大吉 乙未**巨立**

丙申大吉

猴骑羊　盖新房

巨立十城記

Joylogi

Joycity

cloud巨立云

北京演义

运载城市 服务城市

Joyvilla

Joylife

5.5 企业仪式 庆典 推介路演
等公关行销事件
是企业文化的要件之一
也是搭建生态圈(终端化公关圈)
O2O模式的线下执行
链接阅读 6

巨立春升
伙伴共荣
巨立电梯股份有限公司
挂牌成立大会
Joycity
Joylogi
Joyvilla

巨立十城記
昆
巨立十城記
北京演义
运载城市 服务城市
2015.09.09
证券代码
833481
巨立十城記

5.6 中国礼数不可或缺

君子之交如茶

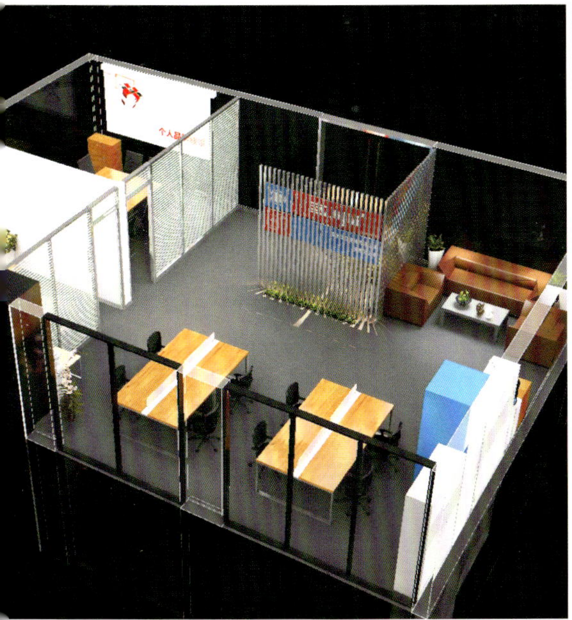

5.7 营销分支机构环境规划
综合展现区域市场企业公关和文化
也作为传统媒体的补充

Joyspace
乘客空间

5.8 传统媒体
仍须和互联网媒体有效整合
巧妙利用巴士车身结构
穿梭于样板小区和目标街区
良好的服务象征和品牌联想

Joyvilla
别墅电梯尊享私人定制

5.8 传统媒体
零距离反复接触
如杂志般
扑面而来的观感
小型客流集散

5.8 传统媒体
巴士+巴士站+商业中心
户外媒体组合
象征性完整收纳城市生活元素
体现运载城市服务城市的理念

SON 百盛
JOIN·IN
Joylive

6.1 巨立股份企业战略生态愿景

品牌产品一体化
品牌营销一体化
品牌经营一体化
内外传播一体化
资本合作一体化

公关圈战略升级:
生态圈共赢战略+人力发展战略

生态圈:
终端化的公关圈/全产业链/全渠道/全终端/互联网加速学习复制进化 共生伴生

基于生态圈运营
建立完善股份制合伙企业
适时推进核心合作伙伴/核心员工持股至企业全员持股
积极参与资本并购运营
依据战略愿景优化资源配置谋求跨越式发展

通过生态圈建设发展
推动企业架构/职能/流程重组
实施企业资源特别是人力资源高效配置

可计算的企业战略整合传播

20世纪90年代传播品牌足以让企业完胜
今天品牌的意义巨变
企业传播行为必须由品牌扩展至全盘战略
传播对象将由传统传媒和传统公关圈
扩展整合至终端化生态圈
可计算可捕捉的企业战略意图精准达至个人终端
企业与市场以终端为边界 并不断高速蜕变

符号团映射未来之光
照进现实
组成企业生态图谱
同时解码传播运营内容
构筑企业战略愿景

可计算的企业战略整合传播

20世纪90年代传播品牌足以让企业完胜
今天品牌的意义巨变
企业传播行为必须由品牌扩展至全盘战略
传播对象将由传统传媒和传统公关圈
扩展整合至终端化生态圈
可计算可捕捉的企业战略意图精准达至个人终端
企业与市场以终端为边界 并不断高速蜕变

符号图映射未来之光
照进现实
组成企业生态图谱
同时解码传播运营内容
构筑企业战略愿景

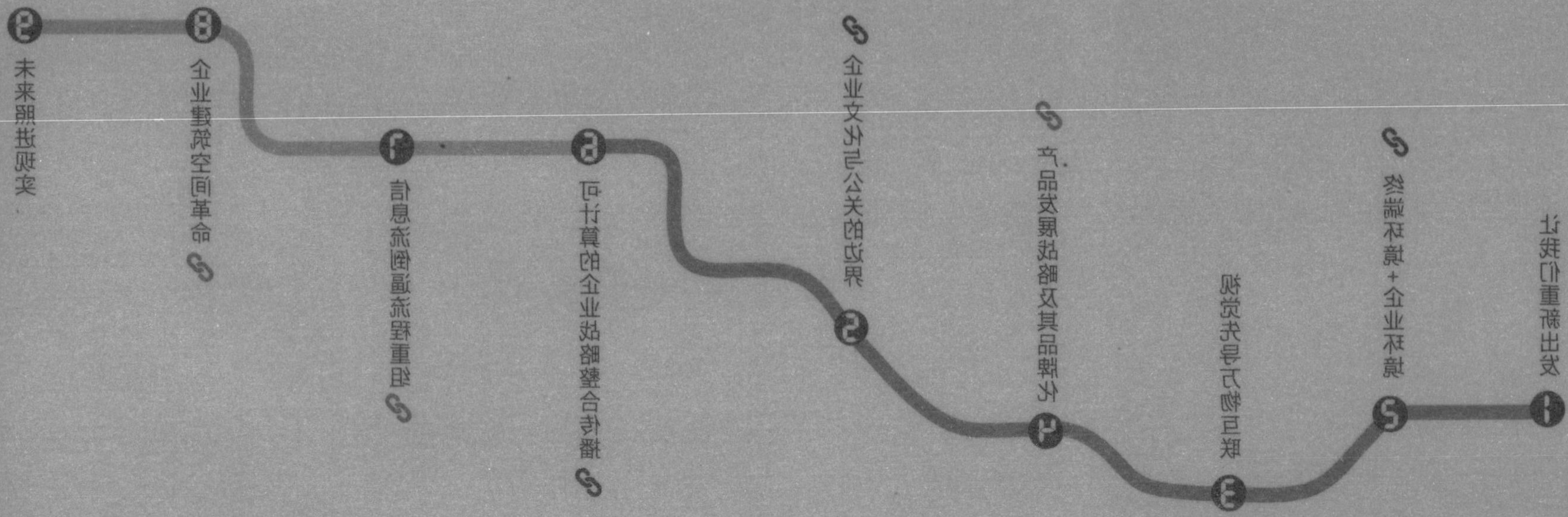

智能制造/智能控制领域发展

基础和差异产品发展 大力推进服务增值：链接阅读 4.1 4.2

市场营销：阶段性目标区域市场

Joycloud巨立云

全产业链发展：建筑交通物联网服务平台

全产业链发展：适时发展建筑系统配套业务

全产业链发展：产品升级和阶段性重点产品 链接阅读1.2

管理工具信息化：营销工具信息化先行

全产业链发展：乘客空间及人机界面

终端化公关圈构成生态圈（含企业全员）
是传播运营对象
可实施精准可统计分析的传播
并根据年度营销目标
发布销售服务政策与销售促进活动

固定端和移动端传播目标取决于生态圈构建经营状态

1.制定传播目标

2.量化管理生态圈传播对象

3.全职能全员运行 适时引入第三方技术支持

4.纳入全员业绩管理

个人移动端作为重点载体
承担固定端基本功能
并依托生态圈传播运营总目标
促进服务增值与互联网增值
突破企业微信定式
融合企业文化公关与销售促进
实施产业链+掌上娱乐时尚模块
中小成本高频度发展
2D3D动画/影视/H5
等多样制作形式
与生态圈成员充分互动

12
天津
成都
郑州
西安
住宅
商用
joylive-joylife

9:41 AM
10
Joycloud

6.2 巨立股份战略传播运营

传播品牌已远不足以建立竞争优势
企业必须传播整体战略意图和经营行为
传播与经营边界融合

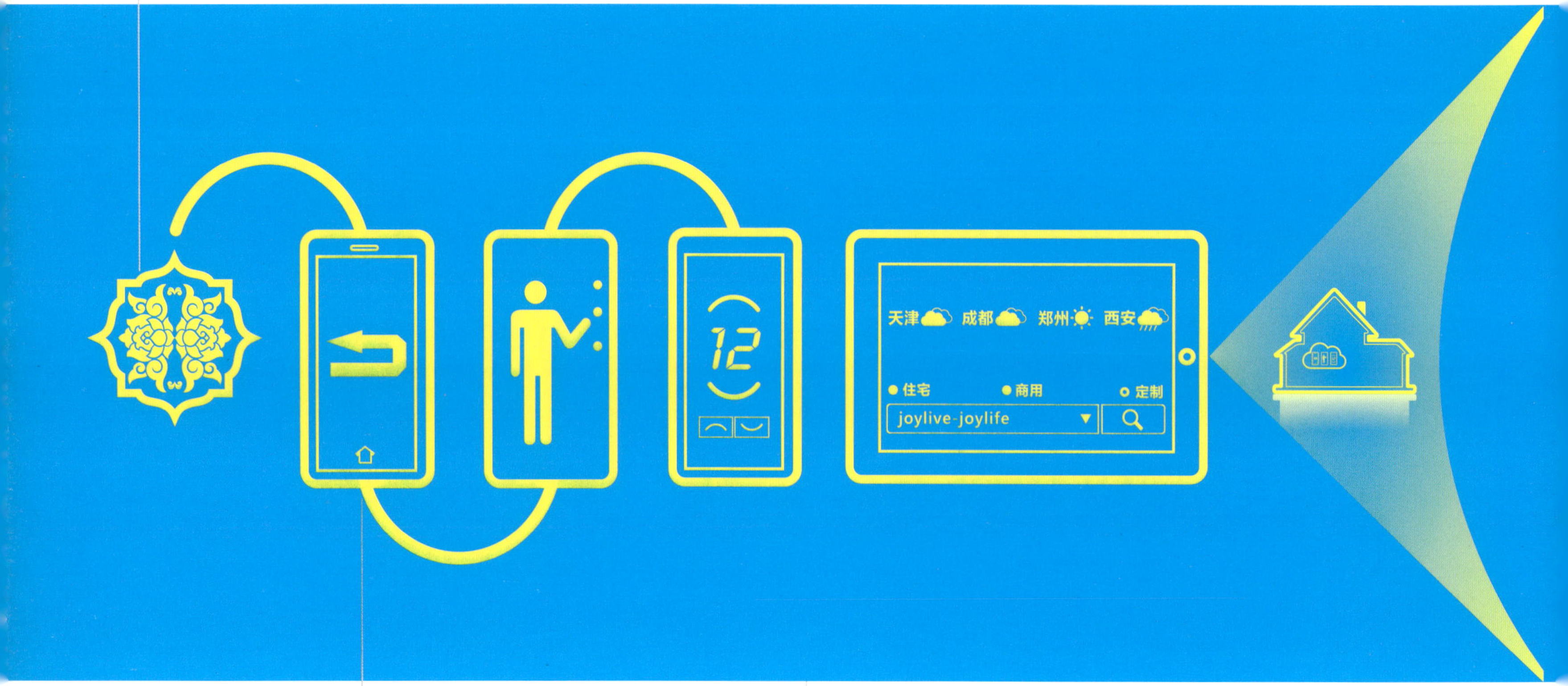

1992年首创的整合营销传播原理已成为普遍认识且仍然适用
互联网传播自身须整合
与传统传媒公关行销也须整合 链接阅读 5

固定终端旗舰媒体
融通官网+OA系统+电商等在线形式
全员全职能在线解决 与实体运作同步
管理并联动移动终端
不受限于微博微信等固有发布模式
实现生态圈运营传播一体化

JOYLIVE JOYLOVE

阿丹的选择

7.1

无数小金字塔
大小相套 层层供养
形成巨大金字塔式社会
颇有渊源 严重阻碍科学进步发展
企业的金字塔架构组织与流程脱胎于社会

信息流倒逼流程重组

不少企业巨资引入ERP+CRM+OA等等
管理软件武装到牙齿
为何效率仍然低下
为何制度严苛的私企照样人浮于事

海量信息围城企业
信息传递分享回馈速度悠关企业成本盈利
现行无处不在的金字塔式组织
结构上以企业自身为中心
管理层级通常达6—10级
职能划分来自半个世纪前的管理学成果 落后于市场进化岂止20年
流程导向企业内部互相服务互为制约
从根本上阻碍信息高效流动和增值

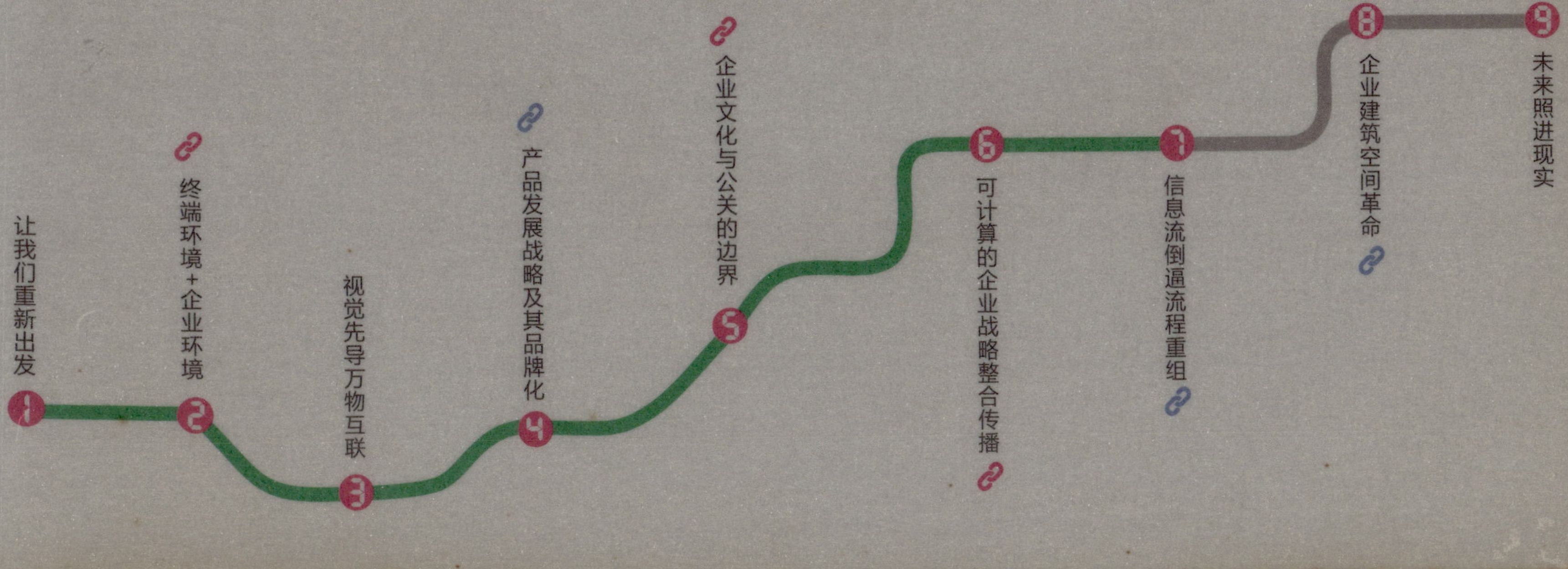

信息流倒逼流程重组

不少企业巨资引入ERP+CRM+OA等等
管理软件武装到牙齿
为何效率仍然低下
为何制度严苛的私企照样人浮于事

海量信息围城企业
信息传递分享回馈速度悠关企业成本盈利
现行无处不在的金字塔式组织
结构上以企业自身为中心
管理层级通常达6—10级
职能划分来自半个世纪前的管理学成果 落后于市场进化岂止20年
流程导向企业内部互相服务互为制约
从根本上阻碍信息高效流动和增值

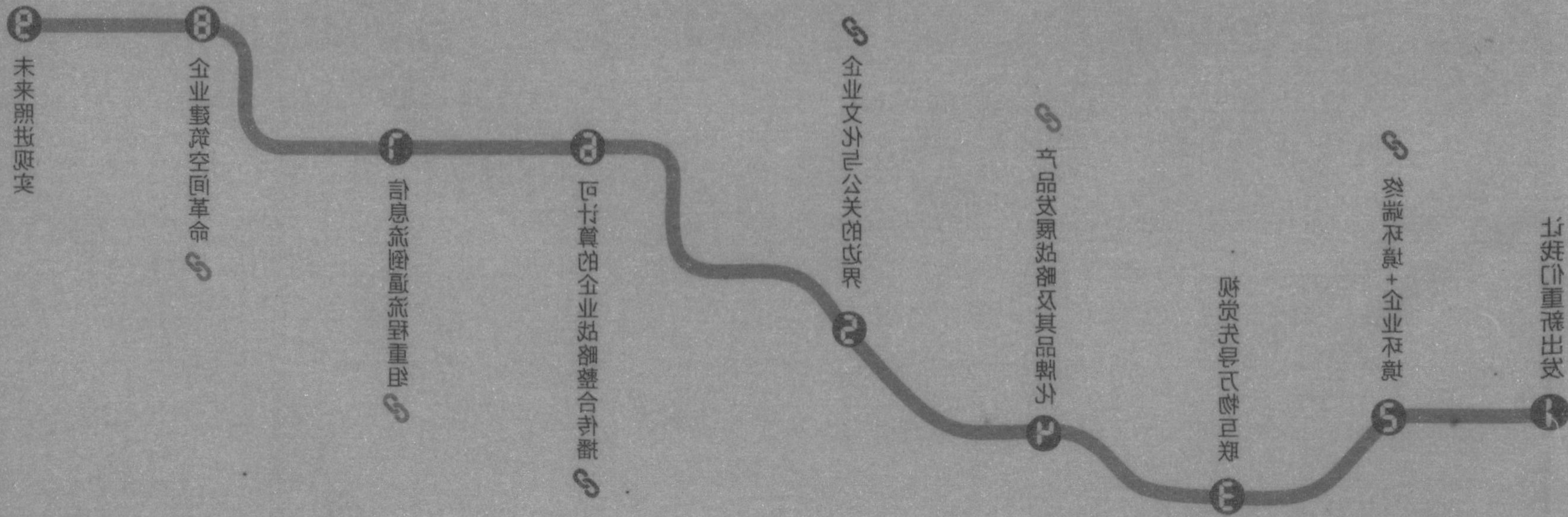

7.4 开放闭环形事业组织结构之二
规模和形式随企业发展而演进
可组合为垂直分工的产业链
满足企业重大单一产品服务孵化需求
优秀人力资源自由聚合

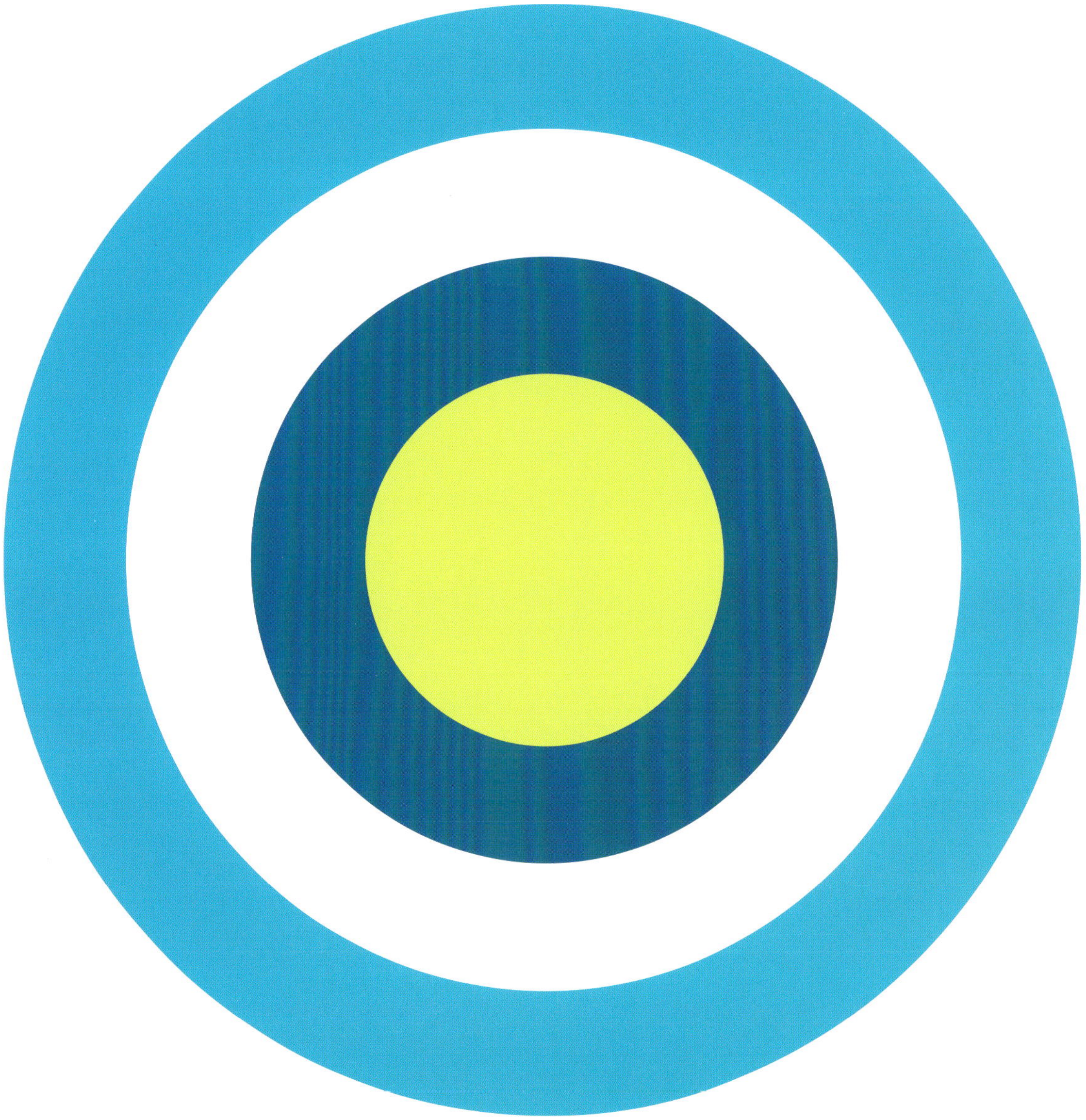

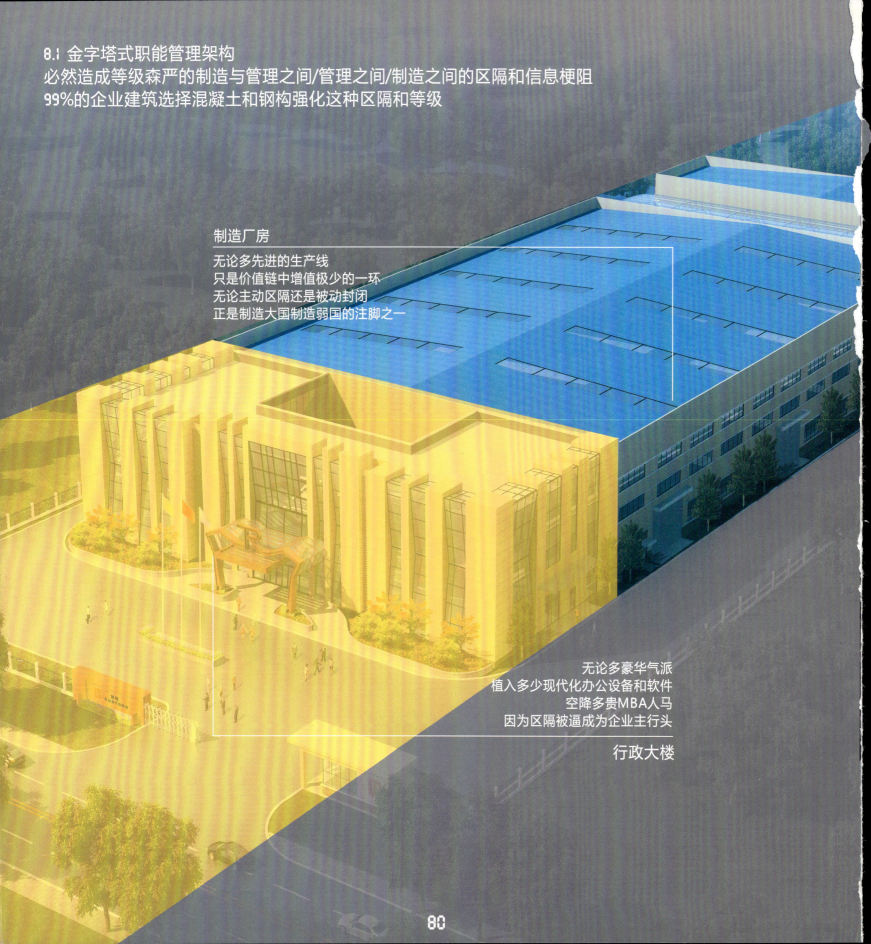

8.1 金字塔式职能管理架构

必然造成等级森严的制造与管理之间/管理之间/制造之间的区隔和信息梗阻

99%的企业建筑选择混凝土和钢构强化这种区隔和等级

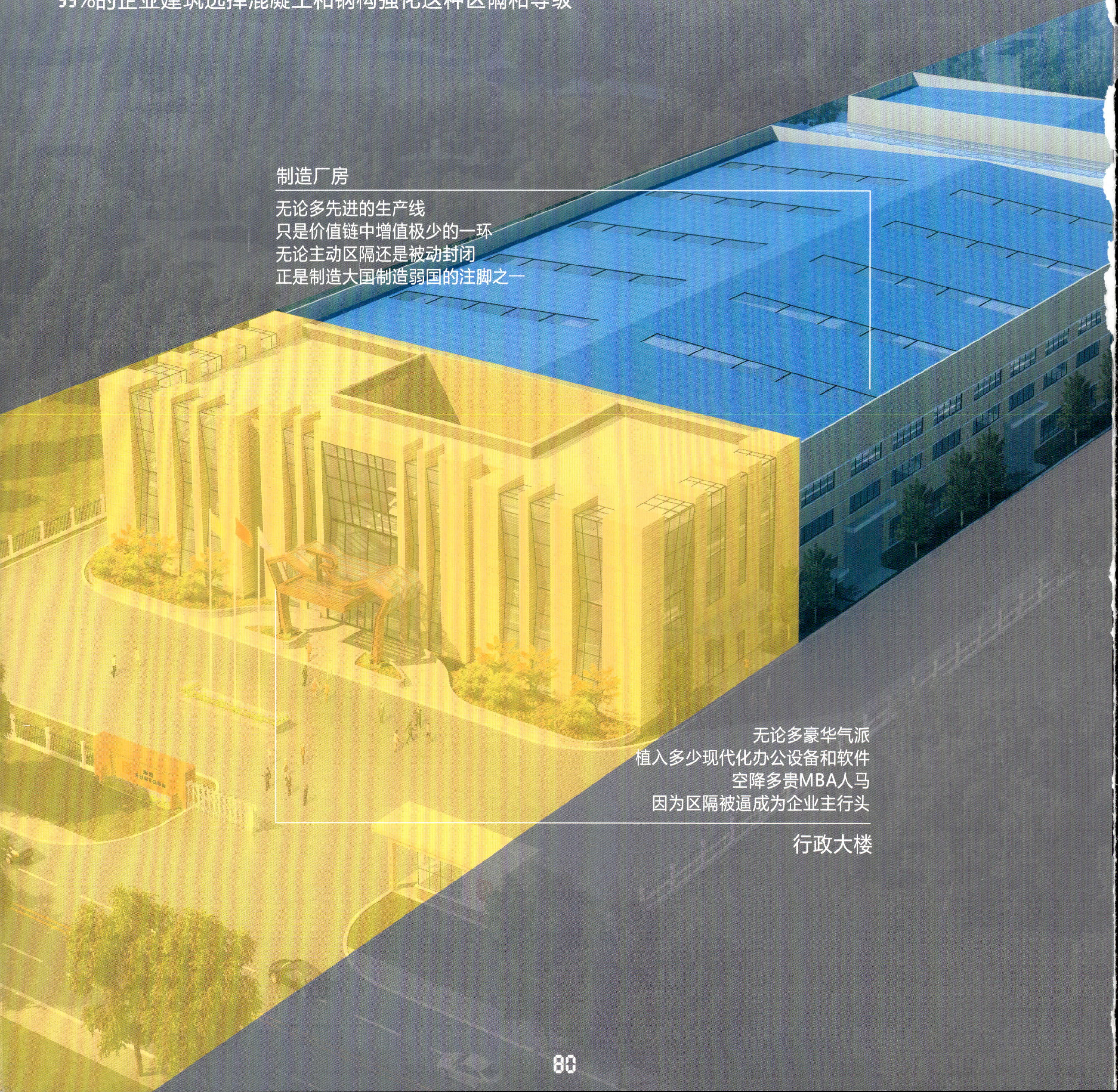

制造厂房

无论多先进的生产线
只是价值链中增值极少的一环
无论主动区隔还是被动封闭
正是制造大国制造弱国的注脚之一

无论多豪华气派
植入多少现代化办公设备和软件
空降多贵MBA人马
因为区隔被逼成为企业主行头

行政大楼

8.2 环境和体制相生相克
始于20世纪90年代的半开放式屏风卡座曾是革命象征
至今仍是主流办公环境
但因其滋生模具化与习气 阻碍信息流和创意
已失去当初先进性 应尽快退出企业舞台

7.3 开放闭环形事业组织结构之一

可独立可协同可互相竞争
结构平滑高效互通互联无碍信息分享
企业围墙无碍人力优化配置
长远可发展为独立事业群
支撑企业平台式格局

7.2 金字塔式职能管理架构
20世纪50年代产物至今无本质改变
以自身为中心的封闭型组织
仅利于信息上下层级间流动或在结构内传递

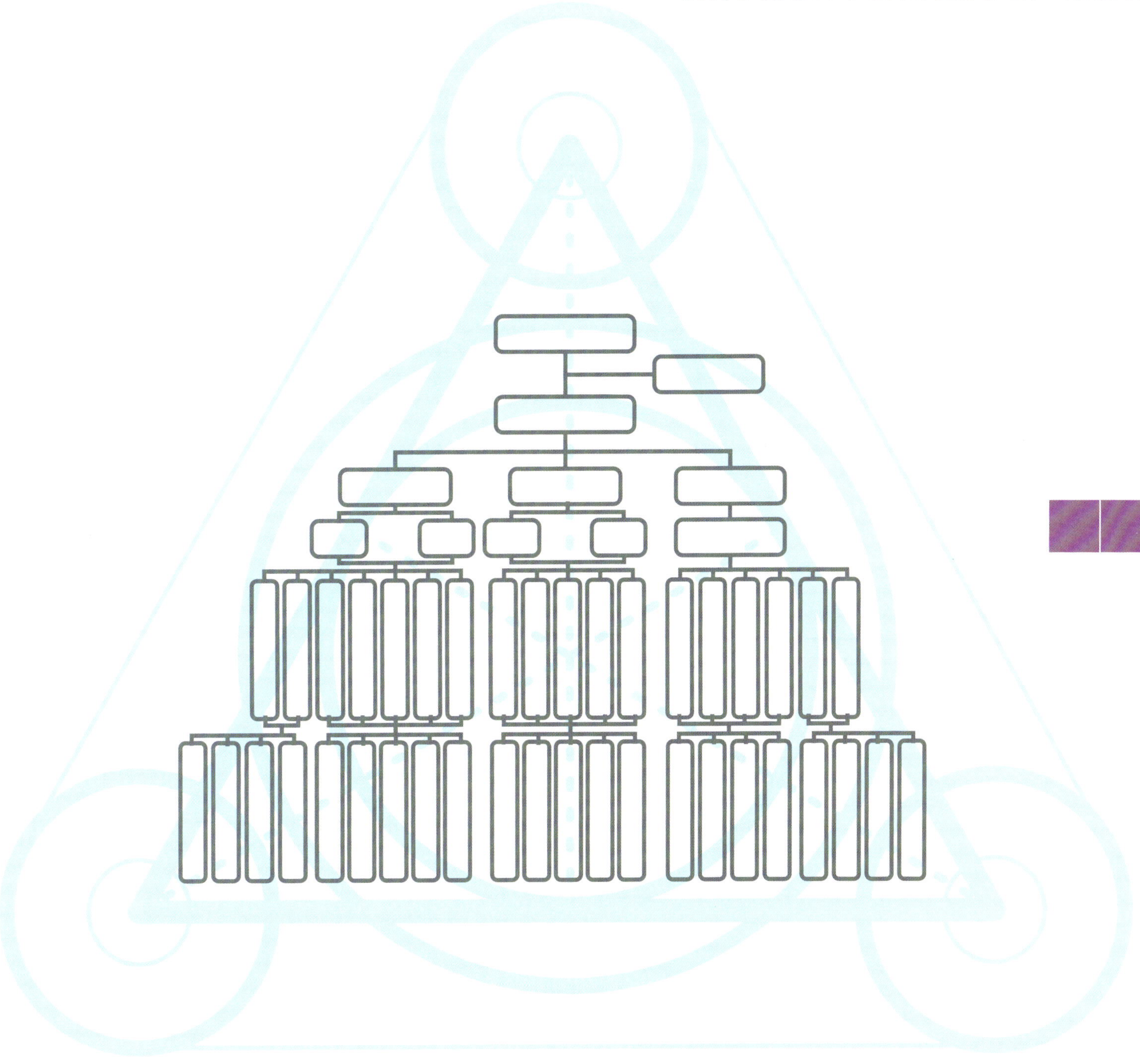

8.3 结构平滑的开放闭环事业组织
要求更加开放透明协作的空间
开发者供应者制造者管理者无缝分享信息
根据项目需求可自由组合拆分
空间布局和设施更灵活流动
更具持续发展性

企业建筑空间革命

厨房开放式餐厅带来更多信任和愉悦体验
开放透明的企业行为更具摄人之美

开放闭环形事业组织淘汰金字塔式组织
企业空间将摒弃等级和割据
融通曾习以为常的壁垒与边界
构建透明即时共享的信息乐园

当信息流自行决定员工在家还是公司上班时
企业建筑空间就成为连接自然和城市的人文景观

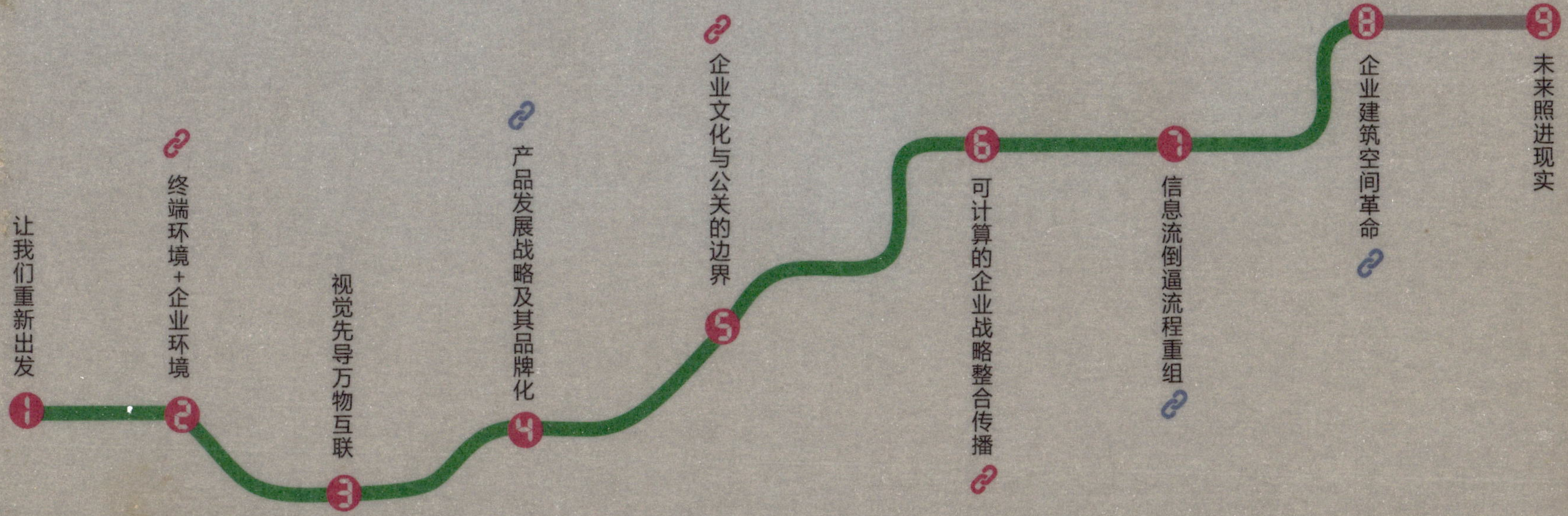

8

企业建筑空间革命

厨房开放式餐厅带来更多信任和愉悦体验
开放透明的企业行为更具摄人之美

开放闭环形事业组织淘汰金字塔式组织
企业空间将摒弃等级和割据
融通曾习以为常的壁垒与边界
构建透明即时共享的信息乐园

当信息流自行决定员工在家还是公司上班时
企业建筑空间就成为连接自然和城市的人文景观

1 让我们重新出发
2 终端环境+企业环境
3 感觉先导万物互联
4 产品发展战略及其品牌化
5 企业文化与公关的边界
6 可计算的企业战略整合传播
7 信息流倒逼流程重组
8 企业建筑空间革命
9 未来照进现实

8.4 企业行为本是文化现象
制造与管理在同一屋檐下共享规划
颠覆性融通企业与市场边界
并极具美学价值
值得透明示人育人
成为人文地标回馈社会

Joyvilla
别墅电梯尊享私人定制

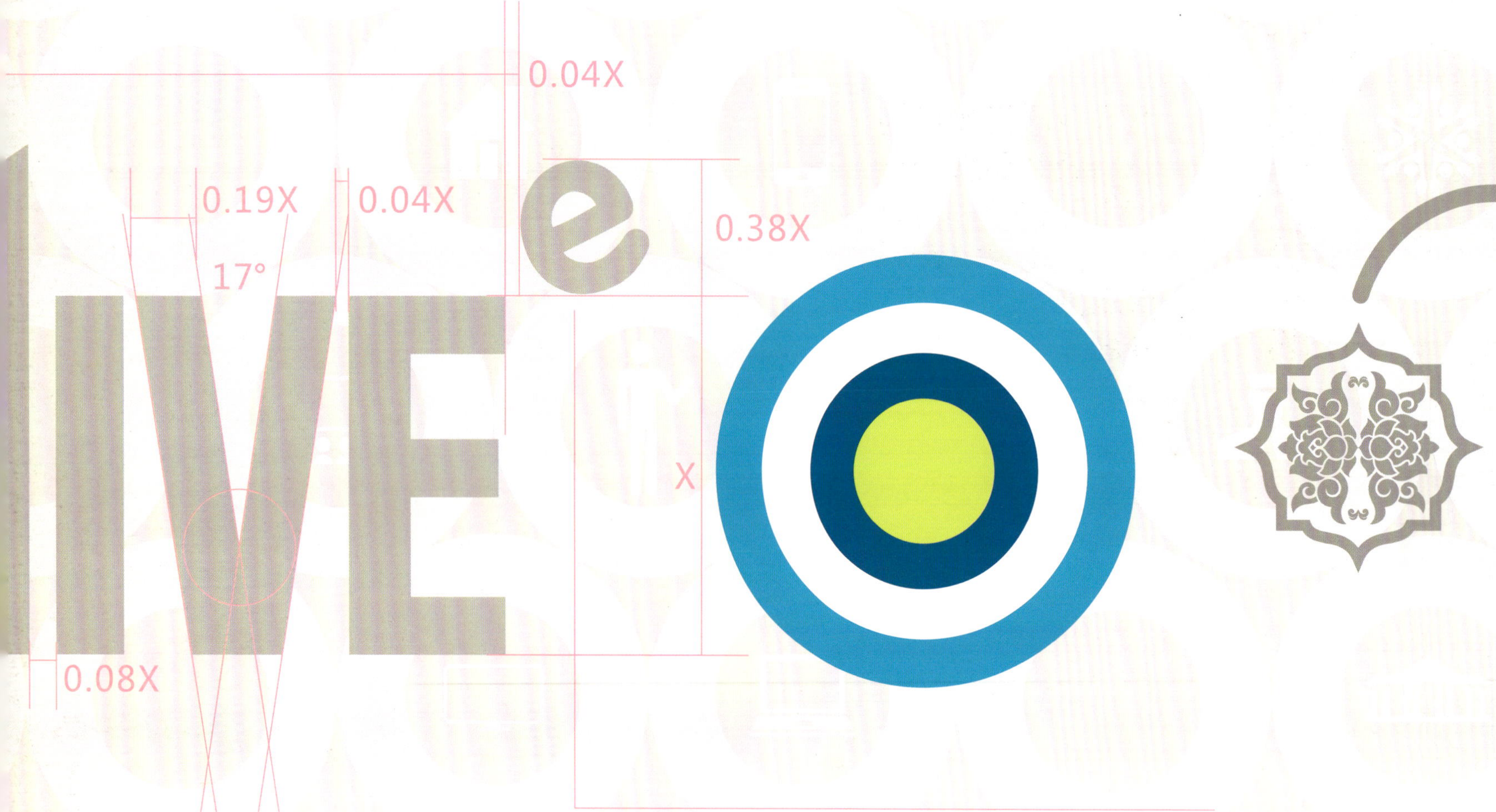

电商生态

1.职能与流程重组

2.全员全职能实体与在线协同

3.B2B B2C大额定制服务模式导入全职能在线协同

链接阅读 1

未来照进现实

万物互联万物可视
产品服务品牌矩阵
文化公关统一边界
企业战略可视传播
资本运作优化配置
开放闭环事业组织
实体在线同步运营

09

未来照进现实

万物互联万物可视
产品服务品牌矩阵
文化公关统一边界
企业战略可视传播
资本运作优化配置
开放闭环事业组织
实体在线同步运营

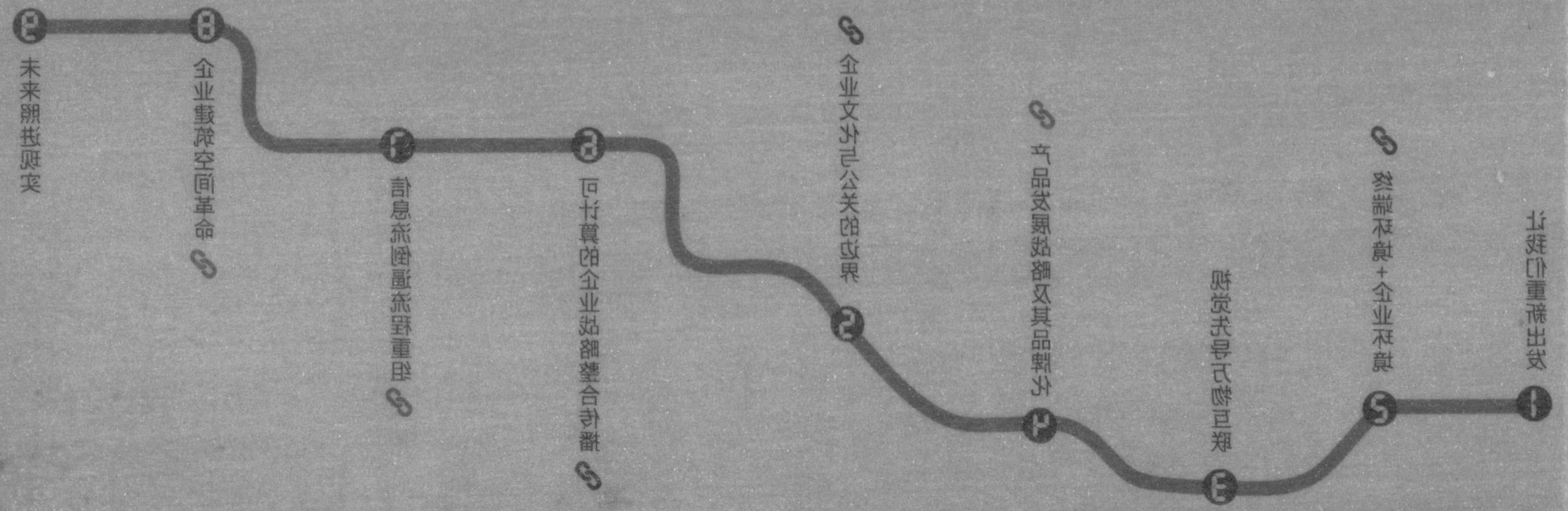

9.1 巨立股份战略目标

建筑交通基础与差异产品目标区域市场第一
适时进入资本市场
差异产品领先行业并拓展全产业链
服务与物联网增值 发展建筑交通延伸市场
建立完善电商生态

多元合作与资本运营
构建区域性的建筑交通及延伸服务/物流技术/建筑智能化产业链的重要一环

链接阅读 6.1

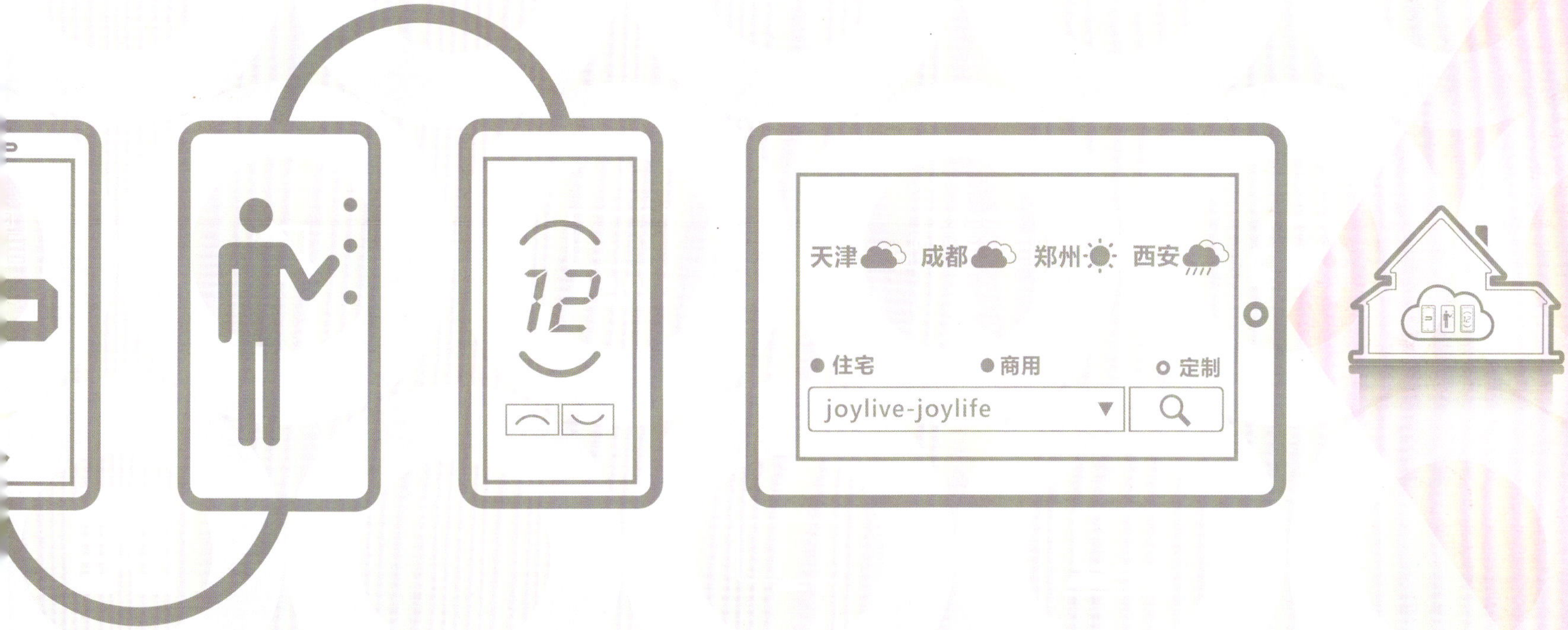

9.2 未来照进现实